Cambridge Plain Texts

D'ALLAINVAL
L'ÉCOLE
DES BOURGEOIS

T0346122

D'ALLAINVAL

L'ÉCOLE
DES BOURGEOIS

COMÉDIE

T THE UNIVERSITY PRESS

CAMBRIDGE
AT THE UNIVERSITY PRESS
1937

CAMBRIDGE UNIVERSITY PRESS
Cambridge, New York, Melbourne, Madrid, Cape Town,
Singapore, São Paulo, Delhi, Mexico City

Cambridge University Press
The Edinburgh Building, Cambridge CB2 8RU, UK

Published in the United States of America by Cambridge University Press, New York

www.cambridge.org
Information on this title: www.cambridge.org/9781107645097

First published 1937
Re-issued 2013

A catalogue record for this publication is available from the British Library

ISBN 978-1-107-64509-7 Paperback

NOTE

D'ALLAINVAL (Léonor-Jean-Christine Soulas) was born
at Chartres, probably in 1700. Very little is known about
his career. Like so many other bohemians of the century, he called himself an *abbé*, flaunted the *petit collet*
and the ecclesiastical habit yet had no real connection
with the Church. Living from hand to mouth, dissi-
pated, often spending the night in sedan-chairs,
D'Allainval haunted those *bonnes maisons* where rich
financiers used to offer poor devils of authors a meal in
exchange for their conversation. Indeed, he was struck
down by apoplexy whilst dining at the house of a
fermier-général. Transported to the Hôtel-Dieu he died
there on 2 May, 1753.

D'Allainval's first play, *La Fausse Comtesse* (1726)
was not a success. And *L'École des Bourgeois*, first
produced two years later, did not appeal to the public
until 1787. Thereafter, it remained on the repertoire
of the Comédie Française until well into the Third
Empire. Recently, in 1932, it was again performed at
the same theatre and had an honourable reception.
Another play, *Le Mari curieux*, was presented at the
Comédie Française in the 'thirties of the eighteenth
century but soon withdrawn. D'Allainval was best
known in his lifetime for his *Embarras des Richesses*
which enjoyed a long run at the Théâtre Italien.

The plot of *L'École des Bourgeois* is merely adequate;
its dénouement is slightly artificial. The charm of this
comedy lies in the verve of its dialogue and in the sure-
ness of its characterization. Moncade is a typical
Regency *marquis*. Insolent, cynical and unscrupulous,
he remains, nevertheless, irresistible because of his
unfailing good humour. *L'École des Bourgeois* announces
that change in the public attitude towards the bourgeoisie
which was soon to be reflected in the theatre of Des-
touches and, more heavily, in the *drames*. In his duel
with the bourgeois, no doubt Moncade has the last

word. Yet, after the curtain has fallen, one is left with the impression that the old phrase, *noblesse oblige*, has ceased to have much meaning.

D'Allainval also wrote "pot-boilers" in prose for the *libraires*: *Ana, ou Bigarrures calotines* (1730–1732); *Anecdotes du Règne de Pierre le Grand* (1745) and, under the pseudonym Georges Wink, a *Lettre à mylord xxx sur Baron et la demoiselle Le Couvreur* which was re-published in 1870.

F. C. G.

August, 1937

L'ÉCOLE
DES BOURGEOIS

COMÉDIE

ACTEURS

MADAME ABRAHAM	*veuve d'un banquier*
BENJAMINE	*fille de madame Abraham*
M. MATHIEU	*banquier*
DAMIS	*conseiller, amant de Benjamine*
LE MARQUIS DE MONCADE	
UN COMMANDEUR ⎱	*amis du marquis de Moncade*
UN COMTE ⎰	
UN COMMISSAIRE ⎱	*parents de madame Abraham*
UN NOTAIRE ⎰	
M. POT-DE-VIN	*intendant du marquis de Moncade*
MARTON	*suivante de Benjamine*
PICARD	*laquais de madame Abraham*
UN COUREUR *du marquis de Moncade*	

La scène est à Paris, chez madame Abraham.

ACTE PREMIER

SCENE PREMIERE

MADAME ABRAHAM   BENJAMINE

MADAME ABRAHAM. Enfin, ma chère Benjamine, c'est donc ce soir que tu vas être l'épouse de monsieur le marquis de Moncade. Il me tarde que cela ne soit déjà; et il me semble que ce moment n'arrivera jamais.

BENJAMINE. J'en suis plus impatiente que vous, ma mère; car outre le plaisir de me voir femme d'un grand seigneur, c'est que comme cette affaire s'est traitée depuis que Damis est à sa campagne, je serai ravie qu'à son retour il me trouve mariée, pour m'épargner ses reproches.

MADAME ABRAHAM. Est-ce que tu songes encore à Damis?

BENJAMINE. Non, ma mère. Mais que voulez-vous? Il est neveu de feu mon père; nous avons été élevés ensemble: je ne connaissais personne plus aimable que lui; j'ignorais qu'il en fût. Je lui trouvais de l'esprit, du mérite; il était amusant, tendre, complaisant. Il m'aima; je l'aimai aussi.

MADAME ABRAHAM. Qu'il perd auprès de ce jeune seigneur! qu'il est défait! qu'il est petit! qu'il est mince! Son mérite paraît ridicule, sa tendresse maussade. C'est un petit homme de palais, la tête pleine de livres, attaché à ses procès; un bourgeois tout uni, sans manières, ennuyeux, doucereux à donner des vapeurs.

BENJAMINE. Vive le marquis de Moncade! Le beau point de vue! quelle légèreté! quelle vivacité quel enjouement! quelle noblesse! quelles grâces surtout!

MADAME ABRAHAM. Les bourgeoises qui ne sont pas connaisseuses en bons airs appellent cela étourderies, indiscrétions, impolitesses; mais cela est charmant. Les femmes de qualité en sentent tout le prix; et ce sont elles qui les ont mis sur ce pied-là.

BENJAMINE. Que j'ai de grâces à rendre à la mauvaise fortune de monsieur le marquis!

MADAME ABRAHAM. A sa mauvaise fortune, dis-tu?

BENJAMINE. Du moins, ma mère, est-ce au dérangement de ses affaires que je le dois; et sans les cent mille francs qu'il vous devait, je ne l'aurais jamais connu...Qu'est-ce?...Marton!...C'est lui apparemment?

SCENE II

MARTON   MADAME ABRAHAM
BENJAMINE

MARTON, *à madame Abraham.* Madame, voilà monsieur Mathieu qui vient d'entrer.

BENJAMINE. Mon oncle?

MADAME ABRAHAM. L'incommode visite! Comment lui déclarer votre mariage? Cependant il n'y a plus à reculer.

BENJAMINE. Vous craignez qu'il ne goûte pas cette alliance?

MADAME ABRAHAM. Oui, il a l'esprit si peuple!

J'avais cru qu'en épousant une fille de condition comme il a fait, cela le décrasserait; mais point du tout. Je ne sais où j'ai pêché un si sot frère!... Voilà comme était feu votre père.

MARTON. Oh! mademoiselle n'en tient point.

BENJAMINE, *à madame Abraham.* Si vous lui parliez du dédit que vous avez fait avec monsieur le marquis?

MADAME ABRAHAM. Non; garde-t'en bien.

BENJAMINE. Il ne donnera jamais son consentement.

MADAME ABRAHAM. On s'en passera. Ne faudrait-il point, parce qu'il plaît à monsieur Mathieu que vous épousiez son Damis, que vous renonciez à être marquise, à être l'épouse d'un seigneur, à figurer à la cour? (*à part*) Vraiment, monsieur Mathieu, je vous conseille, venez, venez un peu m'étourdir de vos raisonnements; je vous attends.

MARTON. Le voilà. (*Elle sort.*)

SCENE III

M. MATHIEU   MADAME ABRAHAM
BENJAMINE

M. MATHIEU, *riant.* Ah, ah, ah, ah!

MADAME ABRAHAM, *à part.* Qu'a-t-il donc tant à rire?

M. MATHIEU. Ma sœur, ma nièce, que je vous régale d'une nouvelle qui court sur votre compte.

MADAME ABRAHAM. Sur le compte de Benjamine?

M. MATHIEU. Oui, madame Abraham, et sur le vôtre aussi. Elle va vous réjouir, sur ma parole! On

vient de me dire que... Oh! ma foi! cela est trop
plaisant!

MADAME ABRAHAM. Achevez donc.

BENJAMINE, *à part*. Sa gaieté me rassure.

M. MATHIEU. On vient de me dire que vous mariez
ce soir Benjamine à un jeune seigneur de la cour,
à un marquis. Est-ce que cela ne vous fait pas plaisir?

BENJAMINE. Pardonnez-moi, mon oncle, puisque
cela vous en fait. (*à madame Abraham*) Il le prend
mieux que nous ne pensions.

MADAME ABRAHAM, *à M. Mathieu*. Et qu'avez-
vous répondu?

M. MATHIEU. "Quoi! ma sœur? ai-je dit... Oui,
votre sœur, votre propre sœur, madame Abraham...
Bon! bon! quel peste de conte!... Rien n'est plus
vrai...Eh! non, je ne vous crois point. Quelle
apparence? la veuve et la sœur d'un banquier, et qui
fait encore actuellement le commerce elle-même,
donner sa fille à un marquis? allons donc, vous vous
moquez!..." Mais vous ne riez pas, vous autres?

MADAME ABRAHAM. Il n'y a que les impertinents
qui en rient.

BENJAMINE. Je n'y vois rien de risible, mon oncle.

M. MATHIEU. Ma foi! vous avez raison de vous
fâcher toutes les deux. Vous avez plus d'esprit que
moi; et j'ai eu tort de prendre la chose en riant. Je
ne pensais pas que c'était vous donner un ridicule.

MADAME ABRAHAM. Que voulez-vous dire, monsieur Mathieu, avec votre ridicule?

M. MATHIEU. Laissez, laissez-moi faire: je m'en
vais retrouver ces impertinents nouvellistes, et leur
laver la tête d'importance.

MADAME ABRAHAM. Qui vous prie de cela?

M. MATHIEU. Ils vont trouver à qui parler.

BENJAMINE. Il faut les mépriser.

M. MATHIEU. Non, morbleu! non; votre honneur m'est trop cher.

MADAME ABRAHAM. Quel tort font-ils à notre honneur?

M. MATHIEU. Quel tort, ma sœur, quel tort? Si ce bruit se répand que pensera de vous toute la ville? on vous regardera partout comme des folles.

MADAME ABRAHAM. Et nous voulons l'être. La ville est une sotte, et vous aussi, monsieur mon frère.

BENJAMINE. Est-ce une folie, mon oncle, que d'épouser un homme de qualité?

M. MATHIEU. Comment donc! la chose est-elle vraie?

BENJAMINE. Eh! mais, mon oncle....

MADAME ABRAHAM, *à M. Mathieu.* Eh bien! oui, elle est vraie.

M. MATHIEU. Ma sœur!...

MADAME ABRAHAM. Eh bien! mon frère!... Il ne faut point tant ouvrir les yeux, et faire l'étonné. Qu'y a-t-il donc là-dedans de si étrange? Ma fille est puissamment riche; et depuis la mort de son père j'ai encore augmenté considérablement son bien. Je veux qu'elle s'en serve, qu'il lui procure un mari qui lui donne un beau nom dans le monde, et à moi de la considération : et jugez si je choisis bien, c'est monsieur le marquis de Moncade.

M. MATHIEU. Y songez-vous? c'est un seigneur ruiné.

MADAME ABRAHAM. Nul ne sait mieux que moi ses affaires, mon frère: j'ai des billets à lui pour plus de

cent mille francs. C'est un présent de noces que je lui
ferai, et demain il sera aussi à son aise qu'aucun autre
de la cour.

M. MATHIEU. Et Benjamine, y sera-t-elle à son
aise? Vous allez sacrifier à votre vanité le bonheur
et le repos de sa vie.

MADAME ABRAHAM. Cela me plaît.

M. MATHIEU. Qu'au moins mon exemple vous
touche. Riche banquier, par un fol entêtement de
noblesse, j'épousai une fille qui n'avait pour bien que
ses aïeux; quels chagrins, quels mépris ne m'a-t-elle
pas fait essuyer tant qu'elle a vécu?

MADAME ABRAHAM. Vous les méritiez apparemment.

M. MATHIEU. Elle et toute sa famille puisaient
à pleines mains dans ma caisse; et elle ne croyait pas
que je l'eusse encore assez payée.

MADAME ABRAHAM. Elle avait raison: vous ne
savez pas ce que c'est que la qualité.

M. MATHIEU. Je n'étais son mari qu'en peinture;
elle craignait de déroger avec moi: en un mot, j'étais
le George Dandin de la comédie.

MADAME ABRAHAM. Elle en usait encore trop bien
avec vous.

M. MATHIEU. N'exposez point ma nièce à endurer
des mépris.

MADAME ABRAHAM. Des mépris à ma fille, des
mépris! Ma fille est-elle faite pour être méprisée?
Monsieur Mathieu, en vérité, vous êtes bien piquant,
bien insultant, pour me dire ces pauvretés en face.
Il n'y a que vous qui parliez comme cela: et sur quoi
donc jugez-vous qu'elle mérite du mépris? Qu'a-t-elle,

s'il vous plaît, qui ne soit aimable? Voilà un visage fort laid, fort désagréable! Je ne sais, si vous n'étiez pas mon frère, ce que je ne vous ferais point dans la colère où vous me mettez.

BENJAMINE. Mon oncle, quand monsieur le marquis ne serait pas un galant homme comme il est, je me flatterais par ma complaisance de gagner son affection.

M. MATHIEU. Quoi! vous aussi, ma nièce? Pouvez-vous oublier ainsi Damis?

MADAME ABRAHAM. Laissez là votre Damis. Qu'allez-vous lui chanter? Qu'il était neveu de feu son père? Elle le sait bien. Qu'il la lui avait promise en mariage? J'en conviens. Que c'est un conseiller, aimable de sa figure, plein d'esprit? Tout ce qu'il vous plaira. Qu'il n'est point comme les autres jeunes magistrats, dont le cabinet est dans les assemblées et dans les bals? Tant mieux pour lui. Qu'il aime son métier, qu'il y est attaché, qu'il cherche à le remplir avec honneur et conscience? Il ne fait que son devoir.

M. MATHIEU. Ajoutez à cela que j'ai promis d'assurer mon bien à Benjamine, et que si elle n'est pas à Damis, mon bien ne sera pas à elle.

MADAME ABRAHAM. Eh! gardez-le, monsieur Mathieu, gardez-le: elle est assez riche par elle-même; et ce serait trop l'acheter que d'écouter vos sots raisonnements.

M. MATHIEU. Je le garderai aussi, madame Abraham. Adieu, adieu; et quand je reviendrai vous voir il fera beau.

MADAME ABRAHAM. Adieu, monsieur Mathieu; adieu. (*M. Mathieu sort.*)

SCENE IV

MADAME ABRAHAM   BENJAMINE

BENJAMINE. Voilà mon oncle bien en colère contre nous.

MADAME ABRAHAM. Permis à lui.

BENJAMINE. Vous auriez pu, ce me semble, lui annoncer la chose un peu plus doucement; peut-être y aurait-il donné son agrément.

MADAME ABRAHAM. Eh! que m'importe?

BENJAMINE. Je suis au désespoir de me voir brouillée avec lui.

MADAME ABRAHAM. Bon! bon!... Ah! qu'il se défâchera bientôt: il t'aime. Je ne suis pas trop fâchée, moi, qu'il nous boude un peu; cela l'éloignera d'ici pour quelques jours; et je n'aurais pas été fort contente qu'on l'eût vu figurer ici ce soir, en qualité d'oncle, parmi les seigneurs qui viendront sans doute à tes noces: c'est un assez méchant plat que sa personne. Dieu merci, nous en voilà défaites. Je veux aussi éloigner tous nos parents: ce sont gens qu'il ne faut plus voir désormais.

SCENE V

MADAME ABRAHAM   BENJAMINE
MARTON

MARTON, *à Benjamine.* Miséricorde! pour moi je crois que l'enfer est déchaîné aujourd'hui contre votre mariage. Voilà Damis qui vient par la porte du jardin.

BENJAMINE. Damis?... Quoi! il est de retour?

MARTON. Apparemment.

MADAME ABRAHAM. Va-t'en lui dire qu'il n'y a personne. (*Marton fait quelques pas pour sortir*) Mais, non, non, reviens; il vaut mieux...

MARTON, *revenant*. Hâtez-vous de résoudre; il approche.

MADAME ABRAHAM. Eh! faut-il tant de façons? Il faut le congédier.

BENJAMINE. Pour moi, je me retire; je ne saurais soutenir sa vue.

MADAME ABRAHAM. Marton nous en défera. (*à Marton*.) Charge-t'en.

MARTON. Très volontiers. Vous n'avez qu'à dire.

MADAME ABRAHAM. Il faut que tu lui donnes son congé, mais cela d'un ton qu'il n'y revienne plus.

MARTON. Oh! laissez-moi faire. Je sais comment m'y prendre; c'est une partie de plaisir pour moi.

BENJAMINE. Marton, ne le maltraite point; renvoie-le le plus doucement que tu pourras: il me fait pitié!

MARTON. Rentrez, rentrez. (*Madame Abraham et Benjamine rentrent dans leur appartement.*)

MARTON. De la pitié pour un homme de robe!... La pauvre espèce de fille!... Je crois, le ciel me pardonne, qu'elle l'aime encore!... mais j'y vais mettre ordre... Oh! ma foi! il tombe en bonne main!... Le voilà.

SCENE VI

DAMIS   MARTON

DAMIS. Bonjour, Marton.

MARTON. Bonjour, monsieur.

DAMIS. Comment se porte ma chère Benjamine, et madame Abraham, ma tante?

MARTON. Bien.

DAMIS. Elles vont être bien joyeuses de me voir de retour.

MARTON. Oui!

DAMIS. L'impatience de les revoir m'a fait laisser à ma terre mille affaires imparfaites.

MARTON. Il fallait y rester pour les terminer: elles en auraient été charmées; et, en votre place, j'y retournerais sans les voir.

DAMIS. Va, folle, va m'annoncer; je brûle de les embrasser.

MARTON. Elles n'y sont pas, monsieur.

DAMIS. On m'a dit là-bas qu'elles y étaient.

MARTON. Eh bien! on m'a défendu de faire entrer personne; cela revient au même.

DAMIS. Va, va toujours; cette défense à coup sûr n'est pas pour moi.

MARTON. Pardonnez-moi, monsieur, elle est pour vous plus que pour personne; pour vous seul.

DAMIS. Que veux-tu dire? explique-toi.

MARTON. Comment! vous n'y êtes pas encore? vous avez la conception bien dure; cela est clair comme le jour. Je vois bien qu'il vous faut donner votre congé tout crûment; c'est votre faute au moins. Je voulais vous envelopper cette malhonnêteté dans un compliment; mais vous ne voyez rien si vous ne le touchez au doigt. Ma maîtresse donc m'a chargée de vous prier de sa part de ne plus l'aimer, de ne plus la voir, de ne plus venir ici, de ne plus penser à elle; bien entendu que de son côté elle vous en promet autant.

DAMIS. Ah! ciel! Benjamine cesserait de m'aimer!

MARTON. La grande merveille!

DAMIS. Quel crime, quel malheur peut m'attirer aujourd'hui sa haine? De quoi suis-je coupable à son égard? Que lui ai-je fait?

MARTON. Eh! non, monsieur Damis, elle ne se plaint point de vous; mais mettez-vous en sa place. Figurez-vous qu'elle vous aime à la rage: vous ne lui avez dit jusqu'ici que des douceurs bourgeoises qui courent les rues, que chaque fille sait par cœur en naissant. Il lui vient un jeune seigneur, un marquis de la haute volée: il ne pousse point de fleurettes, point de soupirs; il ne parle point d'amour, ou s'il en parle c'est sans sembler le vouloir faire, par distraction; mais il étale une figure charmante; il apporte avec soi des airs aisés, dissipés, libertins, ravissants; il chante, il parle en même temps, et de mille choses différentes à la fois; tout ce qu'il dit n'est le plus souvent que des riens, que des bagatelles que tout le monde peut dire: mais dans sa bouche ces riens plaisent, ces bagatelles enchantent! ce sont des nouveautés; elles en ont les grâces... Il parle d'épouser; il parle de la cour, de nous y faire briller... Hein?... Vous ne dites rien? Vous voyez bien qu'il n'y a point de femme assez sotte pour se piquer de constance en pareil cas.

DAMIS. Quoi! elle va épouser un homme de cour?

MARTON. Oui, s'il vous plaît; monsieur le marquis de Moncade: et, à son exemple, moi, je renonce à votre Champagne; vous devez l'en assurer, et je vais donner dans l'écuyer.

DAMIS. Monsieur le marquis de Moncade!... Marton, je n'ai donc plus d'espérance?

MARTON. Bon! il y a un dédit de fait; et c'est ce soir qu'ils s'épousent. Aussi il fallait que vous allassiez à votre campagne!... Eh! mort de ma vie, à quoi vous sert donc d'avoir tant étudié, si vous ne savez pas qu'il ne faut jamais donner à une femme le temps de la réflexion?

DAMIS. Benjamine infidèle!... Je veux lui parler.

MARTON. Cela est inutile, monsieur.

DAMIS. Je veux voir comment elle soutiendra ma présence.

MARTON. Vous n'entrerez pas.

DAMIS, *faisant quelques pas pour entrer dans l'appartement de Benjamine.* Que je lui dise un mot.

MARTON, *le repoussant.* Point... Que ces gens de robe sont tenaces!

SCENE VII

LE MARQUIS, *entrant sans être vu de Damis et de Marton, et restant un moment dans le fond;*
DAMIS   MARTON

DAMIS, *à Marton.* Ma chère Marton!

MARTON. Toutes ces douceurs sont inutiles.

DAMIS. Toi qui es ordinairement si bonne!

MARTON. Je ne veux plus l'être.

DAMIS, *se jetant à genoux.* Veux-tu me voir à tes genoux?

MARTON. Eh! levez-vous, monsieur.

DAMIS. Non, je vais mourir à tes pieds si tu es assez cruelle, assez dure, pour me refuser la faveur...

LE MARQUIS, *à part*. Les faveurs!

MARTON. Que voulez-vous, monsieur?

DAMIS. Tiens, ma chère Marton, voilà ma bourse.

LE MARQUIS, *à part*. Oh! oh! diable! diable! il offre sa bourse!... Il est, ma foi, temps que je vienne au secours de la pauvre enfant. (*Il va se mettre entre Damis et Marton.*)

DAMIS. Prends-la, de grâce!

MARTON, *regardant la bourse*. Il m'attendrit. (*à part, avec étonnement, en apercevant le marquis*) Monsieur le marquis!

LE MARQUIS, *à Damis*. Courage! monsieur, courage! mais, ma foi, vous ne vous y prenez pas mal.

DAMIS, *s'en allant*. Que je suis malheureux!

LE MARQUIS, *l'arrêtant*. Eh! non, eh! non, que je ne vous fasse pas fuir... Revenez donc, monsieur, revenez donc: je veux vous servir auprès de Marton; je suis fâché qu'elle vous refuse.

DAMIS. Ah! monsieur, laissez-moi me retirer.

LE MARQUIS. Allez; je vais la gronder d'importance des tourments qu'elle vous fait souffrir. (*Damis sort.*)

SCENE VIII

LE MARQUIS   MARTON

LE MARQUIS. Comment! comment! Marton, tu rebutes ce jeune homme, tu le désesperes, tu le consumes? mais vraiment tu as tort; il est assez aimable. Tu te piques de cruauté? Eh, fi! mon enfant, eh, fi! cela est vilain: c'est la vertu des petites gens.

MARTON. Mais, monsieur le marquis...

LE MARQUIS. Oh! quand tu verras le grand monde tu apprendras à penser; cela te formera.

MARTON. Avec votre permission...

LE MARQUIS. Toi, cruelle? Marton cruelle, avec ces yeux brillants, ce nez fin, cette mine friponne, ce regard attrayant? Je n'aurais jamais cru cela de toi. A qui se fier désormais? tout le monde y serait trompé comme moi. Toi, cruelle?

MARTON. Eh! non, monsieur le marquis...

LE MARQUIS. Ah! tu ne l'es pas? tant mieux, mon enfant, tant mieux! Je te rends mon estime, ma confiance; cela te rétablit dans mon esprit. Mais, dis-moi, qu'est-ce que ce jeune soupirant? n'est-ce pas quelque petit avocat?

MARTON. Non, monsieur le marquis, c'est un conseiller.

LE MARQUIS. Un conseiller? la peste! Marton, un conseiller? Mais, ventrebleu! tu choisis bien; tu as du goût; tu ressembles à ta maîtresse; tu cherches à t'élever; tu ne donnes pas dans le bas; je t'en félicite.

MARTON. Monsieur le marquis, vous me faites trop d'honneur. Ce jeune homme est Damis, cousin de ma maîtresse, et ci-devant son amant, à qui je viens de donner son congé.

LE MARQUIS. Damis, dis-tu? c'est Damis qui sort? c'est à Damis que je viens de parler? Ah! morbleu! je suis au désespoir. Pourquoi diable ne me l'as-tu pas dit? je lui aurais fait mon compliment de condoléance... Mais, friponne, tu en sais long! tu cherches à rompre les chiens! Non, non, non, tu n'y réussiras pas; je ne prends point le change. Je l'ai vu à tes genoux; j'ai entendu qu'il te demandait des faveurs; tu étais interdite, et j'ai surpris un de tes regards qui promettait...

MARTON. Toute la faveur qu'il voulait de moi était de l'introduire auprès de ma maîtresse.

LE MARQUIS. Eh! que ne me le disais-tu? Je l'aurais introduit moi-même. C'est un plaisir que j'aurais été ravi de lui faire. Tu ne me connais pas, j'aime à rendre service... Benjamine l'a donc aimé autrefois?

MARTON. Oui, monsieur; ils ont été élevés ensemble: on le lui promettait pour mari. Le moyen de ne pas aimer un homme dont on doit être la femme!

LE MARQUIS, *avec ironie*. Oui; tu dis bien: le moyen de s'en empêcher; il est vrai, cela est fort difficile!

MARTON. Mais ma maîtresse ne l'aime plus; et je viens de lui signifier de sa part de ne plus venir ici.

LE MARQUIS. Mais, mais cela est dur à elle; cela est inhumain. Renvoyer, congédier ainsi un soupirant pour moi! un jeune homme qu'on aimait, un mari promis! Oh!... Et lui, comment a-t-il pris cela? comment a-t-il reçu ce compliment?

MARTON. Avec désespoir.

LE MARQUIS. En effet, cela est désespérant! je compatis à sa peine. Mais tu devais bien lui dire, pour le consoler, que c'était moi, un seigneur, monsieur le marquis de Moncade, qui lui enlevais sa maîtresse: cela lui aurait fait entendre raison, sur ma parole.

MARTON. Bon! la raison est bien faite pour ceux qui aiment.

LE MARQUIS. A propos, où est donc tout le monde?

D'où vient que je ne vois personne? ni mère, ni fille?
Ne sont-elles pas ici? Benjamine est-elle encore cou-
chée? Va l'éveiller.

MARTON. Elle s'est levée dès le matin. Est-ce
qu'une fille peut dormir la veille de ses noces? elle
est toujours sur les épines.

LE MARQUIS. Oui, je conçois que son imagination
a à travailler.

MARTON. Voilà déjà madame Abraham.

SCENE IX

MADAME ABRAHAM   LE MARQUIS
MARTON

MADAME ABRAHAM, *au marquis.* Eh! monsieur
le marquis, quoi, vous êtes ici?

LE MARQUIS. Vous voyez, depuis une heure.

MADAME ABRAHAM. D'où vient donc que mes
gens ne m'avertissent pas? Voilà d'étranges coquins!

LE MARQUIS. Et je commençais à jurer furieuse-
ment contre vous, et contre votre fille.

MADAME ABRAHAM. Je vous prie de m'excuser.

LE MARQUIS. Je vous excuse.

MADAME ABRAHAM, *à Marton.* Marton, va auprès
de ma fille; qu'elle vienne au plus vite ici. (*Marton
sort.*)

SCENE X

MADAME ABRAHAM   LE MARQUIS

LE MARQUIS. Comment diable! madame Abraham,
comment diable! je n'y prenais pas garde: quel
ajustement! quelle parure! quel air de conquête! Que
la peste m'étouffe si vous n'avez encore des retours

de jeunesse: oui, oui, et on ne vous donnerait jamais l'âge que vous avez.

MADAME ABRAHAM. Vous êtes bien obligeant, monsieur le marquis.

LE MARQUIS. Non, je le dis comme je le pense. Quel âge avez-vous bien, madame Abraham? Mais, ne me mentez pas; je suis connaisseur.

MADAME ABRAHAM. Monsieur le marquis, je compte encore par trente: j'ai trente-neuf ans.

LE MARQUIS. Ah! madame Abraham, cela vous plaît à dire. Trente-neuf ans! avec un esprit si mûr, si consommé, si sage; cette élévation de sentiments, ce goût noble, ce visage prudent? Vous me trompez assurément. Vous avez trop de mérite, trop d'acquis, pour n'avoir que trente-neuf ans. Oh! ma foi! vous pouvez vous donner hardiment la cinquantaine, et sans crainte d'être démentie.

MADAME ABRAHAM, *à part.* On s'en fâcherait d'un autre; mais il donne à tout ce qu'il dit une tournure si polie. (*haut*) Monsieur le marquis, le notaire a-t-il passé à votre hôtel pour vous faire signer le contrat?

LE MARQUIS. Non, pas encore: nous signerons ce soir.

MADAME ABRAHAM. J'aurais été charmée que vous y eussiez vu les avantages que je vous fais.

LE MARQUIS. Eh! madame Abraham, parlons de choses qui nous réjouissent; toutes ces formalités m'assomment. Ne vous l'ai-je pas dit? Je me repose sur vous de tous mes intérêts.

MADAME ABRAHAM. Ils ne sont pas en de méchantes mains... Mais, je vous assure...

LE MARQUIS. Eh! je le sais.

MADAME ABRAHAM. Je m'y démets entièrement pour vous de tous mes biens.

LE MARQUIS. Eh! madame Abraham, laissons tout cela, je vous prie. Vous verrez tantôt, avec Pot-de-vin, mon intendant. Il doit venir, vous vous arrangerez avec lui.

MADAME ABRAHAM, *lui présentant une bourse.* Et voilà, en avance, une bourse de mille louis, pour faire les faux frais de vos noces.

LE MARQUIS, *prenant la bourse gracieusement.* Eh bien! madame, donnez donc... Etes-vous contente? En vérité, vous faites de moi tout ce que vous voulez. Je me donne au diable, il faut que j'aie bien de la complaisance!

MADAME ABRAHAM. Il est vrai; mais...

LE MARQUIS. Encore, madame, encore? Vous me persécutez! On dirait que je n'épouse votre fille que pour votre argent: vous m'ôtez le mérite d'une tendresse désintéressée. Là, madame Abraham, voilà qui est fini: parlons de votre fille. Hein! ne la verrons-nous point?... La voilà, peut-être?... Non, c'est un de vos gens.

SCENE XI

MADAME ABRAHAM   LE MARQUIS
UN LAQUAIS

LE LAQUAIS, *à madame Abraham.* Madame, on vous demande.

MADAME ABRAHAM. Qu'est-ce?

LE LAQUAIS. Monsieur le commandeur de...

MADAME ABRAHAM. Qu'il attende. (*Le laquais sort.*)

LE MARQUIS. Qu'il attende? Ah! madame Abraham, cela est impoli; un homme de condition! un
commandeur!

MADAME ABRAHAM. C'est un emprunteur d'argent;
et je veux quitter le commerce.

LE MARQUIS. Non pas, non pas. Gardez le toujours; cela vous désennuiera, et j'aurai quelquefois
le plaisir de vous aller visiter dans votre caisse...
Allez, allez faire affaire avec le commandeur.

MADAME ABRAHAM. Vous laisserais-je seul vous
ennuyer?

LE MARQUIS. Non, non, je ne m'ennuierai point.

MADAME ABRAHAM. C'est pour un instant; et
j'entends ma fille. (*Elle sort.*)

LE MARQUIS. Les sottes gens, marquis, que cette
famille! Il y aurait, ma foi! pour en mourir de rire...
Mais il y a déjà huit jours que cette comédie dure, et
c'est trop. Heureusement elle finira ce soir; sans cela
je désespérerais d'y pouvoir tenir plus longtemps,
et je les enverrais au diable eux et leur argent. Un
homme comme moi l'achèterait trop.

SCENE XII

BENJAMINE   LE MARQUIS

LE MARQUIS. Eh! venez donc, mademoiselle, venez
donc! Quoi! me laisser seul ici, m'abandonner, faire
attendre le marquis de Moncade? cela est-il joli? je
vous le demande.

BENJAMINE. Monsieur le marquis, je suis ex-
cusable; j'étais à m'accommoder pour paraître devant

vous; mais comme je savais que vous étiez ici, plus je me dépêchais, moins j'avançais; tout allait de travers. Je croyais que je n'en viendrais jamais à bout; cela me désespérait.

LE MARQUIS, *gracieusement.* C'était donc pour moi que vous vous arrangiez, que vous vous pariez? Je suis touché de cette attention. Vous êtes belle comme un ange! Je suis charmé de ce que je fais pour vous.

BENJAMINE. Oui, monsieur le marquis, je ferai mon bonheur le plus doux de vous voir tous les moments de ma vie.

LE MARQUIS. Eh! mademoiselle, vous avez un air de qualité; défaites-vous donc de ces discours et de ces sentiments bourgeois.

BENJAMINE. Qu'ont-ils donc d'étrange?

LE MARQUIS. Comment! ce qu'ils ont d'étrange? Mais ne voyez-vous pas qu'on n'agit point ainsi à la cour? Les femmes y pensent tout différemment; et loin de s'ensevelir dans un mari, c'est celui de tous les hommes qu'elles voient le moins.

BENJAMINE. Comment pouvoir se passer de la vue d'un mari qu'on aime?

LE MARQUIS. D'un mari qu'on aime? Mais cela est fort bien! continuez; courage! Un mari qu'on aime! cela jure dans le grand monde; on ne sait ce que c'est. Gardez-vous bien de parler ainsi; cela vous décrierait; on se moquerait de vous: "Voilà, dirait-on, le marquis de Moncade; où est donc sa petite épouse? Elle ne le perd pas de vue; elle ne parle que de lui; elle le loue sans cesse. Elle est, je pense, amoureuse de lui; elle en est folle." Quelle petitesse! quel travers!

BENJAMINE. Est-ce qu'il y a du mal à aimer son
mari?

LE MARQUIS. Du moins il y a du ridicule. A la
cour un homme se marie pour avoir des héritiers;
une femme pour avoir un nom, et c'est tout ce qu'elle
a de commun avec son mari.

BENJAMINE. Se prendre sans s'aimer! le moyen
de pouvoir bien vivre ensemble?

LE MARQUIS. On y vit le mieux du monde: on n'y
est ni jaloux ni inconstant. Un mari, par exemple,
rencontre-t-il l'amant de sa femme? "Eh! mon cher
comte, où diable te fourres-tu donc? je viens de chez
toi; il y a un siècle que je te cherche. Va au logis, va;
on t'y attend. Madame est de mauvaise humeur; il
n'y a que toi, fripon, qui saches la remettre en joie!..."
Un autre: "Comment se porte ma femme, chevalier?
Où l'as-tu laissée? Comment êtes-vous ensemble?...
Le mieux du monde... Je m'en réjouis! Elle est
aimable, au moins; et, le diable m'emporte, si je n'étais
pas son mari, je crois que je l'aimerais!... D'où vient
que tu n'es pas avec elle? Ah! vous êtes brouillés,
je gage? Mais je vais lui envoyer demander à souper
pour ce soir; tu y viendras, et je te veux raccommoder."

BENJAMINE. Je vous avoue que tout ce que vous
me dites me paraît bien extraordinaire.

LE MARQUIS. Je le crois, franchement. La cour
est un monde bien nouveau pour qui n'a jamais sorti
du Marais: les manières de se mettre, de marcher, de
parler, d'agir, de penser; tout cela paraît étranger.
On y tombe des nues; on ne sait quelle contenance
tenir. Pour nous, nous y allons de plain-pied; c'est
que nous sommes les naturels du pays. Allez, allez,

quand vous en aurez pris l'air, vous vous y accoutu-
merez bientôt; il n'est pas mauvais. Mais (*lui prenant la main*) allons faire un tour de jardin; je vous
y donnerai encore quelques leçons, afin que vous
n'entriez pas toute neuve dans ce pays.

FIN DU PREMIER ACTE

ACTE II

❧

SCENE PREMIERE

M. POT-DE-VIN   MARTON

MARTON. Monsieur Pot-de-vin, je viens de vous annoncer à monsieur le marquis de Moncade, et il va venir.

M. POT-DE-VIN. Je vous suis bien obligé, mademoiselle Marton.

MARTON. Monsieur Pot-de-vin, vous le connaissez donc monsieur le marquis de Moncade?

M. POT-DE-VIN. Si je le connais? vraiment, je le crois; j'ai l'honneur d'être son intendant.

MARTON. Son intendant? Quoi! vous ne l'êtes donc plus de ce président chez qui nous nous sommes vus autrefois?

M. POT-DE-VIN. Fi donc! mademoiselle Marton, fi donc! un homme de robe? Est-ce une condition pour un intendant? Ce président ne devait pas un sou; il payait tout comptant, tout passait par ses mains; point de mémoires, pas le moindre petit procès. Il n'y avait pas de l'eau à boire pour moi dans cette maison; je n'y faisais rien; je me rouillais; j'y perdais mon temps et ma jeunesse; j'y enterrais le talent qu'il a plu au ciel de me donner.

MARTON. Chez monsieur le marquis, je crois que vous le faites bien valoir le talent?

M. POT-DE-VIN. Oh! ma foi! parlez-moi d'un grand seigneur pour avoir un intendant. Quelle

noblesse chez eux! quelle générosité! quelle grandeur
d'âme! Dès qu'on veut ouvrir la bouche pour leur
parler de leurs affaires, ils baillent, ils s'endorment, ils
regardent comme au-dessous d'eux d'y penser seulement: c'est un temps qu'on vole à leurs plaisirs. On
ne leur rend aucun compte; ils n'entrent dans aucun
détail; et monsieur le marquis pousse ces belles
manières plus loin qu'aucun autre. Chez lui je taille,
je rogne tout comme il me plaît, j'afferme ses terres,
je casse les baux, je diminue les loyers, je bâtis, j'abats,
je plante, je vends, j'achète, je plaide, sans qu'il se
mêle de rien, sans qu'il le sache.

MARTON. Vous le ruineriez, je gage, sans qu'il s'en
aperçût?

M. POT-DE-VIN. Justement; mais je suis honnête
homme.

MARTON. Bon! à qui le dites-vous? est-ce que je
ne vous connais pas?

M. POT-DE-VIN. Ah! que madame Abraham a
d'esprit! que c'est une femme bien avisée, bien
prudente! Elle fait là une bonne affaire de donner sa
fille à monsieur le marquis; et, entre nous, mademoiselle Marton, elle doit m'en avoir quelque obligation.

MARTON. A vous, monsieur Pot-de-vin?

M. POT-DE-VIN. Oui, oui, à moi; et si je disais
un mot, quoique la chose soit bien avancée, je la ferais
manquer.

MARTON. Comment donc?

M. POT-DE-VIN. Depuis que le bruit s'est répandu
que monsieur le marquis épouse mademoiselle Benjamine, dans toutes les rues où je passe, je suis arrêté

par un nombre infini de gros financiers et d'agioteurs : "Eh! M. Pot-de-vin, me disent-ils, mon cher M. Pot-de-vin, j'ai une fille unique, belle comme l'amour, et des millions!... Messieurs, il n'est plus temps ; j'en suis fâché ; monsieur le marquis a fait un dédit... Eh! nous le paierons avec plaisir ; nous l'achèterons tout ce qu'il vaudra. M. Pot-de-vin, voilà ma bourse... M. Pot-de-vin, voilà mille louis... Prenez ; livrez-nous sa main... Qu'il épouse ma fille ; vous le pouvez, si vous voulez... Au moins, parlez-lui de nos richesses."

MARTON, *à part.* C'est-à-dire qu'il ne se donne qu'au plus offrant et dernier enchérisseur. (*haut*) Et vous les rebutez tous?

M. POT-DE-VIN. Je vous en réponds... Ils ne manquent pas de me dire : "Ah! madame Abraham vous a mis dans ses intérêts?... Non, messieurs ; elle ne m'a encore rien donné... Cela n'est pas possible, M. Pot-de-vin : elle sent trop le prix du service que vous lui rendez ; elle doit le payer au poids de l'or... Je ne suis point intéressé, messieurs..." Mademoiselle Marton, ne manquez pas de faire valoir à madame Abraham mon désintéressement.

MARTON. Non, non, j'en aurai soin.

M. POT-DE-VIN. Dites-lui bien que si monsieur le marquis savait cela, peut-être changerait-il de visée ; mais que je me garderai bien de lui en ouvrir la bouche.

MARTON. Ah! monsieur Pot-de-vin, monsieur Pot-de-vin, que vous êtes bien nommé!

M. POT-DE-VIN. Ce mariage ne vous fera pas de tort ; votre compte s'y trouvera, mademoiselle Marton ; monsieur le marquis inspirera la générosité à son épouse. Vous verrez vos profits croître au centuple, et vous connaîtrez la différence qu'il y a de servir la femme d'un seigneur ou celle d'un bourgeois.

MARTON. Voici monsieur le marquis, je vous laisse avec lui. (*Elle sort.*)

SCENE II

LE MARQUIS   M. POT-DE-VIN

LE MARQUIS. Eh bien! qu'est-ce? qu'y a-t-il de nouveau, monsieur Pot-de-vin? Quoi! me venir relancer jusqu'ici? En vérité, vous êtes un terrible homme, un homme étrange, un homme éternel, une ombre, une furie attachée à mes pas!... Çà, parlez donc? que voulez-vous? qui vous amène?

M. POT-DE-VIN. Monsieur le marquis, c'est par votre ordre que je viens ici.

LE MARQUIS. Par mon ordre?... Ah! oui; à propos, vous avez raison; c'est moi qui vous l'ai ordonné. Je n'y pensais pas; je l'avais oublié: j'ai tort. Monsieur Pot-de-vin, c'est ce soir que je me marie.

M. POT-DE-VIN. Monsieur le marquis, je le sais.

LE MARQUIS. Vous le savez donc? Et tout est-il prêt pour la cérémonie... Mes équipages?

M. POT-DE-VIN. Oui, monsieur le marquis.

LE MARQUIS. Mes carrosses sont-ils bien magnifiques?

M. POT-DE-VIN. Oui, monsieur le marquis; mais le carrossier...

LE MARQUIS. Bien dorés?

M. POT-DE-VIN. Oui, monsieur le marquis; mais le doreur...

LE MARQUIS. Les harnais bien brillants?

M. POT-DE-VIN. Oui, monsieur le marquis; mais le sellier...

LE MARQUIS. Ma livrée bien riche, bien leste, bien chamarrée?

M. POT-DE-VIN. Oui, monsieur le marquis; mais le tailleur, le marchand de galon...

LE MARQUIS. Le tailleur, le marchand de galon, le doreur, le diable!... Qui sont tous ces animaux-là?

M. POT-DE-VIN. Ce sont ceux...

LE MARQUIS. Je ne les connais point, et je n'ai que faire de tous ces gens-là. Voyez, voyez avec eux, et avec madame Abraham.

M. POT-DE-VIN. Mais, monsieur le marquis...

LE MARQUIS. Oui, voyez avec eux. N'entendez-vous pas le français? cela n'est-il pas clair? Arrangez-vous; ce sont vos affaires.

M. POT-DE-VIN. Avec la permission de monsieur le marquis...

LE MARQUIS. Avec ma permission?... Monsieur Pot-de-vin, vous êtes mon intendant; je vous ai pris pour faire mes affaires. N'est-il pas vrai que si je voulais prendre la peine de m'en mêler moi-même vous me seriez inutile, et que je serais fou de vous payer de gros gages? Vous savez que je suis le meilleur maître du monde; j'en passe partout où il vous plaît; je signe tout ce que vous voulez, et aveuglément; je ne chicane sur rien. Du moins usez-en de même avec moi; laissez-moi vivre, laissez-moi respirer.

M. POT-DE-VIN, *tirant un papier de sa poche.* M. le marquis, voici mon dernier mémoire que je vous prie d'arrêter.

LE MARQUIS. Vous continuez de me persécuter?

Arrêter un mémoire ici! Est-ce le temps, le lieu?
Eh! nous le verrons une autre fois.

M. POT-DE-VIN. Il y a une semaine que vous me
remettez de jour à autre. Je n'ai que deux mots...

LE MARQUIS. Voyons donc; il faut me défaire de
vous.

M. POT-DE-VIN, *lisant.* "Mémoire des frais, mises
et avances faits pour le service de monsieur le marquis
de Moncade, par moi, Pierre-Roch Pot-de-vin, intendant de mondit sieur le marquis..."

LE MARQUIS. Eh! laissez là ce maudit préambule.
(*Il se jette dans un fauteuil.*)

M. POT-DE-VIN. "Premièrement..." (*Le marquis
siffle, et M. Pot-de-vin s'arrête.*)

LE MARQUIS. Continuez, continuez; je vous écoute.

M. POT-DE-VIN. "Pour un petit dîner que j'ai
donné au procureur, à sa maîtresse, à sa femme et
à son clerc, pour les engager à veiller aux affaires de
monsieur le marquis, cent sept livres." (*Le marquis
se lève et répète deux pas de ballet pendant que M.
Pot-de-vin continue.*) "Item, pour avoir mené les
susdits à l'Opéra, voiture et rafraîchissement y com-
pris, soixante-huit livres onze sous six deniers."

LE MARQUIS, *chantant.* "C'est trop languir pour
l'inhumaine; c'est trop, c'est trop...."

M. POT-DE-VIN. Pardonnez-moi, monsieur le
marquis, ce n'est pas trop. En honnête homme j'y
mets du mien.

LE MARQUIS, *riant.* Eh! qui diable vous conteste
rien, monsieur Pot-de-vin? Je n'y songe seulement
pas. Quoi! voulez-vous encore m'empêcher de chanter?... C'est une autre affaire... Achevez vite.

M. POT-DE-VIN. "Item, pour avoir été parrain du fils de la femme du commis du secrétaire du rapporteur de monsieur le marquis, cent quinze livres. Item..."

LE MARQUIS, *lui arrachant son mémoire.* Eh! morbleu! donnez. Item! item! quel chien de jargon me parlez-vous là! Donnez: j'ai tout entendu; j'arrête votre mémoire. Votre plume... (*M. Pot-de-vin tire de sa poche une écritoire, et donne une plume et de l'encre au marquis, qui arrête le mémoire.*) Voilà qui est fait... Dorénavant je serai contraint de vous faire une trentaine de blancs-signés, que vous remplirez de vos comptes, afin de n'avoir plus la tête rompue de ces balivernes.

SCENE III

LE COMMANDEUR   LE MARQUIS
M. POT-DE-VIN

LE COMMANDEUR, *au marquis.* Mon cher marquis!

LE MARQUIS, *courant à l'embrassade.* Ah! c'est toi, gros commandeur? (*à M. Pot-de-vin*) Allez, allez, M. Pot-de-vin; ayez soin de tout ce que je vous ai ordonné, et revenez bientôt voir madame Abraham. (*M. Pot-de-vin sort.*)

SCENE IV

LE MARQUIS   LE COMMANDEUR

LE COMMANDEUR. Ah! marquis, marquis! je t'y prends avec monsieur Pot-de-vin chez madame Abraham! Je te devine, mon cher; le fait est clair, tu viens emprunter?

LE MARQUIS. Moi, emprunter? Fi donc, comman-

deur, fi donc! Pour toi, ta visite n'est point équivoque;
je t'ai entendu annoncer.

LE COMMANDEUR. Je suis de meilleure foi que
toi, marquis. Il est vrai, je viens de faire affaire avec
elle. Ah! quelle femme! quelle femme!

LE MARQUIS Comment donc?

LE COMMANDEUR. J'aimerais mieux mille fois
avoir traité avec feu son mari, tout juif qu'il était.
Elle m'a vendu de l'argent au poids de l'or: c'est la
femme la plus arabe, la plus grande friponne, la plus
grande friponne, la plus grande chienne!...

LE MARQUIS. Doucement, commandeur, doucement! Ménagez les termes; ayez du respect, mon ami;
n'injuriez point madame Abraham devant moi.

LE COMMANDEUR. Et quel intérêt t'avises-tu d'y
prendre? Je t'ai entendu assez bien jurer contre elle;
et cela il n'y a pas plus de huit jours.

LE MARQUIS. Oui, j'en pensais comme toi; mais
les choses ont bien changé!

LE COMMANDEUR. Je ne te comprends pas.

LE MARQUIS. Elle va être ma belle-mère.

LE COMMANDEUR. Ta belle-mère!

LE MARQUIS, *riant*. Oui, mon cher commandeur;
j'épouse sa fille; j'épouse sa fille.

LE COMMANDEUR. Allons donc, marquis, tu te
moques? Tu es un badin.

LE MARQUIS. Non, la peste m'étouffe!

LE COMMANDEUR. Tu l'épouses... là, là, sérieusement?

LE MARQUIS. Oui, très sérieusement.

LE COMMANDEUR, *riant*. Par ma foi! cela est
risible. Ah! ah! ah!

LE MARQUIS. N'est-il pas vrai? Mais je suis las de traîner ma qualité; je veux la soutenir: j'épouserais le diable, madame Abraham même. Elle achète l'honneur de porter mon nom deux cent mille livres de rente.

LE COMMANDEUR. Ventrebleu! Marquis, c'est assez bien le vendre, et je ne te dis plus rien. Dieu sait combien tu vas te réjouir quand tu te seras un peu familiarisé avec les espèces de l'usurière. Ton hôtel va devenir le rendez-vous de tous les plaisirs... Mais, dis-moi: madame Abraham est fine, ne s'en dédira-t-elle point?

LE MARQUIS. Bon! bon! je la tiens. Elle est aussi folle de moi que sa fille; et elles viennent de donner le congé à Damis, un petit conseiller, neveu de feu monsieur Abraham, que Benjamine aimait ci-devant.

LE COMMANDEUR. C'est déjà quelque chose.

LE MARQUIS. Et elle avait à moi pour plus de cent mille francs de billets; elle m'a fait un dédit de la même somme.

LE COMMANDEUR. Fort bien! elle craignait que tu ne lui échappasses?

LE MARQUIS. Justement.

LE COMMANDEUR. Elle est prévoyante. A quand la noce?

LE MARQUIS. A ce soir.

LE COMMANDEUR. Oh! ma foi! je m'en prie. Je t'amènerai compagnie, et je m'apprête à rire.

LE MARQUIS. Venez, venez, venez tous; venez vous divertir aux dépens de la noble parenté où j'entre. Bernez-les, bernez-moi le premier; je le mérite. Madame Abraham, par vanité, veut éloigner ses parents de la noce.

LE COMMANDEUR. Oh! morbleu! qu'ils en soient, marquis, ou je n'y viens pas.

LE MARQUIS. Va, tu seras content.

LE COMMANDEUR. Ce sont sans doute des originaux qui nous réjouiront.

LE MARQUIS. Oui, oui, des originaux; tu l'as bien dit: tu les définis à ravir; il semble que tu les connaisses déjà; des procureurs, des notaires, des commissaires!

LE COMMANDEUR. Encore une fête que je me promets, c'est quand ta petite épouse paraîtra la première fois à la cour. Oh! morbleu! quelle comédie pour nos femmes de qualité!

LE MARQUIS. Elles verront une petite personne embarrassée, qui ne saura ni entrer, ni sortir, ni parler, ni se taire; qui ne saura que faire de ses mains, de ses pieds, de ses yeux, et de toute sa figure.

LE COMMANDEUR. Oh! elles te devront trop, marquis, de leur procurer ce divertissement.

LE MARQUIS. Ne manque pas de leur annoncer ce plaisir.

LE COMMANDEUR. Laisse-moi faire. Bien plus, je veux être son écuyer, son introducteur le jour qu'elle y fera son entrée. N'y consens-tu pas?

LE MARQUIS. Eh! mon cher, tu es le maître... Mais je veux te la faire connaître... Bon! elle vient à propos.

SCENE V

BENJAMINE   LE MARQUIS   LE COMMANDEUR

LE MARQUIS, à *Benjamine*. Approchez, mademoiselle; voilà monsieur le commandeur qui veut vous faire la révérence.

LE COMMANDEUR. Comment! comment! marquis,
une grande demoiselle, bien faite, bien aimable, bien
sage, bien raisonnable?... Ah! vous êtes un fripon!
vous me trompiez, mon cher; vous ne m'aviez pas dit
cela.

BENJAMINE. Vous êtes bien honnête, monsieur le
commandeur.

LE MARQUIS, *au commandeur*. Là, tout de bon,
qu'en penses-tu? Regarde-la bien, examine.

LE COMMANDEUR. Foi de courtisan, elle est
adorable!

BENJAMINE, *à part*. Que ces gens de cour sont
galants!

LE MARQUIS, *au commandeur*. Tu trouves donc
que je ne fais pas mal de l'épouser?

LE COMMANDEUR. Comment! marquis, je t'en
loue!

LE MARQUIS. Et qu'elle peut figurer à la cour?

LE COMMANDEUR. Elle y brillera. C'était un
crime, un meurtre, de laisser tant d'attraits dans la
ville. C'est une pierre précieuse qui aurait toujours
été enterrée, et qu'on n'aurait jamais su mettre en
œuvre. (*à part, avec ironie*) Oui, oui, je vous en
souhaite, mons du bourgeois, je vous en souhaite des
filles de cette tournure. Vraiment, c'est pour vous
justement qu'elles sont faites; attendez-vous-y.

LE MARQUIS, *à Benjamine*. Mademoiselle, monsieur
le commandeur s'est offert à vous introduire à la cour,
et vous êtes en bonnes mains; il connaît bien le terrain.

BENJAMINE. Je lui suis bien obligée.

LE COMMANDEUR. Je suis sûr par avance du plaisir
que vous ferez à nos dames, et de la joie que votre

venue répandra... Mais j'aperçois madame Abraham;
son aspect m'effarouche: je cours chez moi donner
quelques ordres.

LE MARQUIS. A la noce; ce soir.

LE COMMANDEUR. Je m'y promets trop de divertissement pour y manquer. (*Il sort.*)

SCENE VI

MADAME ABRAHAM   LE MARQUIS
BENJAMINE

BENJAMINE. Ma mère, voilà monsieur le commandeur qui se sauve en vous voyant paraître.

LE MARQUIS. Oui, il a une dent contre vous, madame
Abraham; et vous lui avez vendu un peu trop cher
l'argent que vous venez de lui prêter.

MADAME ABRAHAM. Monsieur le marquis est
toujours malin.

LE MARQUIS. Eh! morbleu! madame, plumez-moi
ces gros fils de financiers, dont les pères avares ne
meurent jamais; de ces petits bâtards de la fortune qui
s'érigent en seigneurs; de ces faquins que nous souf-
frons avec nous parce qu'ils payent. Aidez-les à
dissiper en poste les larcins de leurs pères, avant qu'ils
en soient maîtres; point de quartier pour ces gens-là:
plumez-les, écorchez-les tout vifs; je vous les abandonne: mais piller des gens de condition! des comman-
deurs encore! Ah! ah! madame Abraham, il y a de
la conscience!

MADAME ABRAHAM. La mienne ne me reproche
rien là-dessus.

BENJAMINE. Cela n'empêchera pas monsieur le commandeur de venir ce soir à nos noces.

LE MARQUIS. Non; et je vais écrire à quelques autres seigneurs, de mes amis, pour les en prier. Et vous, madame Abraham, avez-vous, de votre côté, fait avertir vos parents et ceux de feu votre mari?

MADAME ABRAHAM. Non, monsieur le marquis; je n'ai eu garde.

LE MARQUIS. Vous n'avez eu garde? Et pourquoi cela?

BENJAMINE. Ma mère a raison, monsieur le marquis; il ne faut point que ces gens-là y viennent.

MADAME ABRAHAM. Ce ne sont que de petits bourgeois. Voilà de plaisants visages! Ils auraient bonne grâce à se trouver avec tous vos seigneurs! C'est une honte que je veux vous épargner.

LE MARQUIS. Non, madame Abraham, non; vous me connaissez mal. S'il vous plaît, qu'ils y viennent tous, ou il n'y a rien de fait. Votre famille, quelle qu'elle soit, ne me fait point déshonneur. Je vais annoncer vos parents dans mes lettres à mes amis; et je suis sûr qu'ils seront ravis de les voir ici... Mais dites-moi, là, là, parlez-moi à cœur ouvert, est-ce que vous voudriez que je les allasse prier moi-même? volontiers; je le veux, si cela vous fait plaisir: j'y cours; vous n'avez qu'à dire, me le faire sentir.

BENJAMINE. Ma mère, empêchez donc monsieur le marquis d'y aller.

MADAME ABRAHAM. Eh! monsieur le marquis, vous me faites rougir de confusion. Je serais au désespoir qu'ils vous coûtassent la moindre démarche;

ils n'en valent pas la peine; et puisque vous voulez absolument qu'ils viennent, je les vais faire avertir.

LE MARQUIS. Pour monsieur votre frère, j'en fais mon affaire : je veux aller moi-même le prier.

MADAME ABRAHAM. Ah! monsieur le marquis, n'y allez pas.

LE MARQUIS. C'est une politesse que je lui dois; je veux m'en acquitter, et sur-le-champ.

BENJAMINE. Non, monsieur le marquis, je vous en prie; vous en aurez peu de satisfaction.

LE MARQUIS. Pourquoi? Est-ce qu'il n'approuve pas que j'entre dans sa famille?

BENJAMINE. Eh! mais.

LE MARQUIS. C'est-à-dire non?

MADAME ABRAHAM. Il est coiffé de son Damis.

BENJAMINE. C'est un homme si extraordinaire.

LE MARQUIS, *gracieusement*. Eh! tant mieux, ventrebleu! voilà les gens que j'aime à prier. Fût-ce un tigre, un ours, un loup-garou, je veux l'amadouer, le rendre traitable, doux comme un mouton: il ne m'en coûtera pour cela qu'un mot, qu'une révérence, qu'un regard; je n'aurai qu'à paraître.

BENJAMINE. Je tremble qu'il ne vous reçoive impoliment.

LE MARQUIS. Moi! un homme de cour? cela serait nouveau. Ah! ne craignez rien; je réponds de lui. Vous en saurez bientôt des nouvelles. (*à madame Abraham*) Où loge-t-il? n'est-ce pas ici vis-à-vis?

MADAME ABRAHAM. Oui, monsieur le marquis.

LE MARQUIS. J'y vole. Ensuite j'irai écrire à mes amis. (*à Benjamine*) Et je veux aussi vous écrire un mot, afin que vous voyez comment un seigneur s'exprime en amour. Damis vous a écrit quelquefois, apparemment? Eh bien! vous comparerez nos billets. Adieu, adieu; je vais à monsieur Mathieu. (*Voyant qu'elles veulent le reconduire*) Où allez-vous donc, mesdames?

MADAME ABRAHAM. Nous vous reconduisons.

LE MARQUIS. Eh! mesdames, laissez-moi sortir. Je vous en conjure; point de ces cérémonies-là. (*Il sort.*)

SCENE VII

MADAME ABRAHAM BENJAMINE

MADAME ABRAHAM. Eh bien! ma fille; voilà pourtant cet homme de condition qui, au dire de monsieur Mathieu, devait t'accabler de mépris.

BENJAMINE. Ah! ma mère, plus je le vois, et plus j'en suis enchantée!

MADAME ABRAHAM. Qu'il eût écarté de la noce toute notre parenté, dont la vue va lui reprocher qu'il se mésallie, cela était dans l'ordre; nous le voulions nous-mêmes.

BENJAMINE. Et tout le monde l'aurait fait en notre place.

MADAME ABRAHAM. Mais lui, nous menacer de rompre ce mariage!

BENJAMINE. Vouloir lui-même les aller prier!

MADAME ABRAHAM. Ma fille, il faut les avertir. Qu'ils viennent, puisqu'il le veut; mais la noce faite, il y a mille occasions de rompre avec eux.

BENJAMINE. Je tremble que mon oncle ne lui fasse quelque malhonnêteté.

MADAME ABRAHAM. Effectivement, c'est un homme si grossier; mais monsieur le marquis a de l'esprit.

BENJAMINE. S'il pouvait arracher son consentement!

MADAME ABRAHAM. Je ne doute point qu'il n'en vienne à bout, s'il l'entreprend.

BENJAMINE. Il est vrai que rien ne lui est impossible, et qu'il fait des gens tout ce qu'il veut.

SCENE VIII

MADAME ABRAHAM   BENJAMINE
MARTON

MARTON. Madame, monsieur Pot-de-vin, l'intendant de monsieur le marquis de Moncade, est là; lui dirai-je d'entrer?

MADAME ABRAHAM. Non; je vais avec lui dans mon cabinet, et écrire en même temps à tous nos parents. (*Elle sort.*)

SCENE IX

BENJAMINE   MARTON

MARTON. Madame votre mère dit qu'elle va écrire à tous vos parents; et pourquoi cela?

BENJAMINE. Pour les prier de mes noces.

MARTON. Miséricorde! est-elle folle? Que voulez-vous faire de ces nigauds-là? Je m'en vais l'en empêcher.

BENJAMINE. Eh! Marton, monsieur le marquis le veut; il s'en est expliqué.

MARTON. Il fallait lui dire que c'étaient des pieds-plats, des animaux lugubres.

BENJAMINE. Nous le lui avons dit.

MARTON. Oui?... Par ma foi! c'est donc qu'il veut se donner la comédie?

BENJAMINE. Je t'avouerai que, dans le fond de l'âme, je suis charmée de les avoir pour témoins de mon bonheur, et surtout mes cousines. Quelle mortification pour elles, quel crève-cœur de me voir devenir grande dame, de m'entendre appeler madame la marquise!... Oh! j'en suis sûre, elles ne pourront jamais soutenir mon triomphe. Qu'en dis-tu, Marton?

MARTON. Assurément; elles en crèveront de dépit.

BENJAMINE. Je brûle qu'elles ne soient déjà ici.

MARTON. Et moi, je crois déjà les voir arriver: une mine allongée, un visage d'une aune, des yeux étincelants de jalousie, la rage dans le cœur.

BENJAMINE. Ah! que tu les peins bien!

MARTON. Et je les entends se dire les unes aux autres: "En vérité, ce n'est que pour ces gens-là que le bonheur est fait! Cette petite fille crève d'ambition: épouser un homme de cour! qu'a-t-elle donc de si aimable? Voyez!... Bon! bon! dira une autre, il est bien question d'être aimable. Pensez-vous que ce soit à sa beauté, à ses charmes, que ce grand seigneur se rend? Vous êtes bien dupes. Vous croyez qu'il l'aime? fi donc! C'est son argent qu'il épouse. Laissez faire la noce, et vous verrez comme il la méprisera; et j'en serai ravie."

BENJAMINE. Que leur mauvaise humeur me fera de plaisir!

MARTON. Elles enrageront bien davantage quand

elles vous entendront dire: "Adieu, monsieur le commissaire; adieu, ma cousine la notaire, la procureuse; messieurs les bourgeois, doucereux robins, mauvais plaisants du quartier; adieu le Marais, l'isle Saint-Louis, maisons où l'on va de porte en porte s'ennuyer, ou faire un quadrille. Madame la marquise de Moncade vous dit adieu; elle vous quitte sans regret. Nous allons à la cour, nous allons à la cour."

BENJAMINE. Et Damis, comment crois-tu qu'il prenne cela?

MARTON. Ma foi! c'est son affaire; il se consolera de son mieux avec quelque autre.

BENJAMINE. Il se consolera avec quelque autre? Quoi! tu crois qu'il pourra m'oublier?

MARTON. Belle demande! Il serait bien fou de ne le pas faire.

BENJAMINE. Va, Marton, je le connais mieux que toi: je suis sûre que ma perte lui sera bien sensible; il m'aimait trop pour pouvoir m'oublier sitôt. Tu verras que, n'ayant pas pu être à moi, il ne voudra jamais être à personne.

MARTON. Que vous importe?

BENJAMINE. Il t'a donc paru bien triste quand tu lui as annoncé son congé?

MARTON. Fort triste. Je vous l'ai déjà dit.

BENJAMINE. Fais-moi un peu ce détail.

MARTON. Tenez; le voici qui vous le fera mieux lui-même.

BENJAMINE. Sauvons-nous, Marton. (*Elle sort.*)

SCENE X

DAMIS   MARTON

DAMIS, *à Benjamine sortie.* Arrêtez, cruelle!

MARTON. Cruelle! c'est bien le moyen de l'arrêter... Eh! monsieur Damis, que diantre! vous faites fuir ma maîtresse. Je vous avais si bien prié tantôt de ne plus revenir.

DAMIS. Ciel! est-ce à moi que le discours s'adresse?

MARTON. Nous ne sommes point en état d'entendre vos lamentations. Notre imagination n'est pleine que de noces, d'habits, d'équipages, de marquis, et de mille autres choses encore plus réjouissantes.

DAMIS. La perfide!

MARTON. Que voulez-vous? lui faire des reproches? Prenez que vous l'avez appelée infidèle, ingrate, inhumaine, et qu'elle vous a répondu que tel est son plaisir. Là, portez vos doléances ailleurs. Je suis votre très humble servante, monsieur le conseiller. (*Elle sort.*)

DAMIS. Elle me fuit! elle m'abandonne! elle m'oublie! Avec quelle froideur et quel mépris elle vient de m'éviter!

SCENE XI

M. MATHIEU   DAMIS

DAMIS. Ah! monsieur Mathieu, vous voyez le plus infortuné des amants! Benjamine, la cruelle Benjamine, votre nièce...

M. MATHIEU. Eh bien? eh bien?

DAMIS. Je ne veux plus la voir.

M. MATHIEU. Bon!

DAMIS. Je vais la haïr autant que je l'ai aimée!

M. MATHIEU. A merveille!

DAMIS. Elle peut épouser son marquis.

M. MATHIEU. Chansons!

DAMIS. Non, non; je la méprise, l'infidèle!

M. MATHIEU. Laissez là toutes ces extravagances. Allez m'attendre chez moi: je vais retrouver ma sœur, et lui parler comme il faut.

DAMIS. Tout cela est inutile, mon parti est pris.

M. MATHIEU. Eh! taisez-vous, vous dis-je. Je vais parler à madame Abraham et à Benjamine d'un ton auquel elles ne s'attendent pas. Je ne leur ai pas dit tantôt tout ce qu'il fallait leur dire; mais ne vous embarrassez pas, ma nièce ce soir sera votre épouse, et c'est moi qui vous le promets. Sortez, sortez; allez chez moi: dans un instant je vous y rejoins avec de bonnes nouvelles. Adieu.

DAMIS. Vous n'y réussirez pas.

M. MATHIEU. Vous êtes sous ma protection; c'est tout dire. (*Damis sort.*)

SCENE XII

M. MATHIEU

Oh! oh! madame ma sœur, et vous, mademoiselle ma nièce, par la morbleu! vous allez voir beau jeu, et je vous apprête un compliment... Il vous faut des seigneurs, et ruinés encore? Ah! ah! laissez-moi faire... Je suis dans une colère que je ne me possède pas. Nous faire cet affront!... Que ce monsieur le marquis aille épouser ses marquises et ses com-

tesses!... Ah! que je voudrais bien, à l'heure qu'il
est, le tenir! que je le recevrais bien! que je lui dirais
bien son fait! ni crainte, ni qualité ne me retiendraient.
Je me moque de tout le monde, moi; je ne crains
personne. Oui, je donnerais, je crois, tout mon bien
maintenant pour le trouver sous ma coupe. Quel
plaisir j'aurais à lui décharger ma bile!...

SCENE XIII

LE MARQUIS   M. MATHIEU

LE MARQUIS, *à part.* Voilà apparemment mon
homme. Je le tiens.

M. MATHIEU, *à part.* C'est lui, je pense... Qu'il
vienne, qu'il vienne!...

LE MARQUIS. Monsieur, de grâce, n'êtes-vous pas
monsieur Mathieu?

M. MATHIEU, *brusquement.* Oui, monsieur... (*à
part*) Nous allons voir.

LE MARQUIS. Et moi, monsieur le marquis de
Moncade... Embrassons-nous.

M. MATHIEU, *brusquement, en se laissant embrasser.*
Monsieur, je suis votre serviteur... (*à part*) Tenons
bon.

LE MARQUIS. C'est moi qui suis le vôtre, ou le
diable m'emporte!

M. MATHIEU, *à part.* Voilà de nos serviteurs!

LE MARQUIS. Et je viens de chez vous, pour vous
en assurer. Ma bonne fortune n'a pas permis que
je vous y trouvasse. Je vous y ai attendu; et j'y serais
encore si vos gens ne m'avaient dit que vous veniez
d'entrer ici.

M. MATHIEU, *à part.* Il vient de chez moi.

LE MARQUIS. Que je vous embrasse encore! (*il embrasse une seconde fois monsieur Mathieu.*) Vous ne sauriez croire à quel prix je mets l'honneur de vous appartenir... Mais ayez la bonté de vous couvrir.

M. MATHIEU. J'ai trop de respect...

LE MARQUIS. Eh! ne me parlez point comme cela. Couvrez-vous... Allons donc; je le veux.

M. MATHIEU. C'est donc pour vous obéir. (*à part*) Il croit avoir trouvé sa dupe.

LE MARQUIS. Mon cher oncle, souffrez par avance que je vous appelle de ce nom, et daignez m'honorer de celui de votre neveu.

M. MATHIEU. Oh! monsieur le marquis, c'est une liberté que je ne prendrai point. Je sais trop ce que je vous dois.

LE MARQUIS. C'est moi qui vous devrai tout.

M. MATHIEU, *à part.* Je ne sais où j'en suis, avec ses politesses.

LE MARQUIS. Monsieur Mathieu, je vous en prie, je vous en conjure.

M. MATHIEU, *un peu brusquement.* Je ne le ferai point, s'il vous plaît.

LE MARQUIS. Quoi! vous me refusez cette faveur? Il est vrai qu'elle est grande.

M. MATHIEU. Oh! point du tout.

LE MARQUIS. De grâce! parez-moi du titre de votre neveu: c'est celui qui me flatte le plus.

M. MATHIEU. Vous vous moquez.

LE MARQUIS. Mon cher oncle, voulez-vous que je vous en presse à genoux? (*Il se met à genoux.*)

M. MATHIEU, *se mettant aussi à genoux pour le faire relever.* Eh! monsieur le marquis, monsieur le marquis... mon neveu, puisque vous le voulez.

LE MARQUIS. Il semble que vous le fassiez malgré vous?

M. MATHIEU. Non, monsieur. *(à part)* Le galant homme!

LE MARQUIS. Parlez-moi franchement: est-ce que vous n'êtes pas content que j'épouse votre nièce?

M. MATHIEU. Pardonnez-moi.

LE MARQUIS. Vous n'avez qu'à dire. Peut-être protégez-vous Damis?

M. MATHIEU. Non, monsieur, je vous assure.

LE MARQUIS. Madame Abraham a dû vous dire...

M. MATHIEU. Ma sœur ne m'a rien dit; et ce n'est que ce matin que le bruit de la ville m'a appris que vous faisiez à ma nièce l'honneur de la rechercher.

LE MARQUIS. Que veut dire ceci? Quoi! vous ne le savez que de ce matin?

M. MATHIEU. Non, monsieur le marquis.

LE MARQUIS. Et par un bruit de ville encore? Est-il croyable?... *(à part)* Madame Abraham, quoi! vous que j'estimais, en qui je trouvais quelque savoir-vivre, vous manquez aux bienséances les plus essentielles? Vous mariez votre fille, et vous n'en avez pas vous-même informé M. Mathieu, votre propre frère, un homme de tête, un homme de poids? Vous ne lui avez pas demandé ses conseils? Ah! madame Abraham, cela ne vous fait point d'honneur; j'en ai honte pour vous; et je suis forcé de rabattre plus de la moitié de l'estime que je faisais de vous.

M. MATHIEU, *à part.* Ce courtisan est le plus

honnête homme du monde. (*au marquis*) Ma sœur
croyait que je n'en valais pas la peine.

LE MARQUIS. Je vois bien que c'est à moi à réparer
sa faute. Monsieur Mathieu, j'aime votre nièce; elle
m'aime; sa mère souhaite ardemment de nous voir
unis ensemble; tout est prêt pour la noce, équipages,
habits, festin; c'est ce soir que nous devons épouser;
mais je vais tout rompre, à cause du mauvais procédé
de votre sœur.

M. MATHIEU. Eh! non, eh! non, monsieur le
marquis, je ne mérite pas...

LE MARQUIS. C'en est fait, je n'y songe plus.

M. MATHIEU. Monsieur le marquis, il faut
l'excuser.

LE MARQUIS. Les mauvaises façons m'ont toujours
révolté.

M. MATHIEU. Monsieur le marquis, je vous en
prie, oubliez cela.

LE MARQUIS. Non, monsieur Mathieu, ne m'en
parlez plus.

M. MATHIEU. Monsieur le marquis, monsieur le
marquis... mon neveu!

LE MARQUIS. Ah! ce nom me désarme. Madame
Abraham vous a obligation, si je tiens ma promesse.

M. MATHIEU, *à part*. Oh! ma foi! voilà un aimable
homme!

LE MARQUIS. Embrassez-moi, de grâce! mon cher
oncle. Je cours chez moi écrire à votre nièce et à
mes amis; et, sur le portrait que je leur ferai de vous,
je suis sûr qu'ils brûleront de vous connaître. Adieu,
cher oncle. (*à part, en s'en allant*) La bonne pâte
d'homme!

SCENE XIV

M. MATHIEU

Je suis charmé, transporté, enchanté de ce seigneur! Je suis ravi qu'il épouse ma nièce. S'être donné la peine d'aller chez moi, m'embrasser, m'appeler son oncle, vouloir que je l'appelle mon neveu, se fâcher contre ma sœur à cause de moi! oh! quelle bonté! quel bon naturel! J'en ai pensé pleurer de tendresse... Allons revoir madame Abraham et Benjamine. Elles vont être bien joyeuses de voir que j'approuve cette alliance... Mais que deviendra Damis?... Ce qu'il pourra: il se pourvoira ailleurs... Il m'attend chez moi... Oh! ma foi! je n'oserais plus y aller rentrer.

FIN DU SECOND ACTE

ACTE III

SCENE PREMIERE

MADAME ABRAHAM   M. MATHIEU
BENJAMINE

MADAME ABRAHAM. Eh bien! mon frère, j'avais grand tort de donner Benjamine à monsieur le marquis de Moncade? Damis lui convenait beaucoup mieux: je ne savais ce que je faisais?

M. MATHIEU. C'est moi, ma sœur, qui ne savais ce que je disais.

MADAME ABRAHAM. J'étais une imbécile, une extravagante, une folle, de marier ma fille à un seigneur?

M. MATHIEU. Je vous en demande pardon, j'étais un sot.

MADAME ABRAHAM. Elle devait être malheureuse avec lui?

M. MATHIEU. Prenez cela pour les appréhensions d'un oncle qui aime sa nièce.

BENJAMINE. Je vous en suis obligée, mon oncle.

M. MATHIEU. Mon propre exemple et celui de tant de bourgeois qui se sont mal trouvés de pareilles alliances me faisaient trembler que ma nièce ne tombât en de méchantes mains. Cette crainte me faisait regarder monsieur le marquis avec de mauvais yeux. Je me le représentais comme quantité d'autres courtisans, c'est-à-dire comme un petit-maître, étourdi, évaporé, indiscret, dissipateur, méprisant, dédaigneux; mais point du tout. J'ai eu le plaisir de voir que je m'étais trompé; c'est un jeune seigneur sage, posé, aimable, plein d'esprit.

MADAME ABRAHAM. Ah! ah! je connais bien mes gens.

BENJAMINE. Je suis ravie, mon oncle, que vous en soyez content.

M. MATHIEU. Oui, très content, ma chère nièce. Je jurerais que tu seras avec lui la plus heureuse femme de France. Je ne l'ai vu qu'un instant; mais je suis sûr de ce que je dis: c'est bien le plus honnête homme, le meilleur cœur, le plus... Oh! ma foi! j'en suis enchanté.

MADAME ABRAHAM. Vous ne voulez donc plus la déshériter?

M. MATHIEU. Vous avez entendu comme je viens de dire à monsieur Pot-de-vin, son intendant, que je lui assurais tout mon bien. Je voudrais avoir cent millions, je les lui donnerais avec plus de plaisir.

BENJAMINE. Soyez sûr de sa reconnaissance et de la mienne.

M. MATHIEU, *à madame Abraham.* Je voudrais que vous m'eussiez vu quand je suis entré ici : je venais vous quereller. J'y ai trouvé Damis au désespoir; il m'a encore animé contre vous; enfin j'étais dans une colère si grande que je croyais que j'allais vous étrangler, vous, Benjamine, et monsieur le marquis même. Hélas! sitôt qu'il a paru j'ai senti peu à peu que ma colère s'évaporait, et à la fin je me suis voulu un mal incroyable de m'être opposé un seul moment à ce mariage.

MADAME ABRAHAM. Je savais bien moi que vous reviendriez sur son compte.

M. MATHIEU. Mais une chose me tracasse l'esprit.

BENJAMINE. Qu'est-ce, mon oncle?

M. MATHIEU. C'est que j'ai imprudemment promis ma protection à Damis; je l'ai envoyé chez moi m'attendre, et je vous avoue qu'il m'embarrasse: je ne sais comment y retourner, ni comment m'en défaire.

MADAME ABRAHAM. Quoi! ce n'est que cela? Vous vous démontez pour bien peu de chose. Ah! ah! laissez-moi faire; il n'y a qu'à appeler Marton.

M. MATHIEU. Pourquoi faire?

MADAME ABRAHAM. Pour le congédier, elle l'entend à merveille: Elle le fera bien vite déguerpir de votre maison. (*appelant*) Marton!... Bon! la voilà qui vient bien à propos.

SCENE II

MADAME ABRAHAM   M. MATHIEU
BENJAMINE   MARTON   UN COUREUR

MARTON, *à madame Abraham.* Madame, voilà le coureur de monsieur le marquis, qui demande à vous parler.

MADAME ABRAHAM. Faites entrer.

MARTON, *au coureur en dehors.* Entrez, monsieur le coureur.

LE COUREUR, *à Benjamine.* Très humbles saluts, mademoiselle Benjamine... Serviteur, madame Abraham... Votre valet, monsieur Mathieu... (*à Marton*) Bonsoir, friponne. (*à Benjamine, lui donnant un billet*) Mademoiselle, voilà un billet de monsieur le marquis de Moncade. (*Benjamine prend le billet avec précipitation.*) Tête-bleu! comme vous prenez cela! On voit bien que vous devinez une partie des douceurs qu'il renferme.

MADAME ABRAHAM. Tenez, mon ami, voilà un louis d'or pour votre peine.

LE COUREUR. Grand merci, madame.

M. MATHIEU. Et en voilà aussi un pour vous marquer combien j'aime monsieur le marquis.

LE COUREUR. Grand merci, monsieur. (*à Benjamine*) Et vous, mademoiselle, n'aimez-vous point mon maître?

MARTON, *à part.* Le drôle y prend goût.

LE COUREUR, *à Benjamine.* Il est amoureux de vous comme tous les diables.

BENJAMINE. Dites-lui bien que nous l'attendons avec impatience.

LE COUREUR. Il va accourir... Pour moi, je galope porter cet autre billet chez un duc, des amis de mon maître.

BENJAMINE. Un duc, ma mère!

LE COUREUR. C'est pour le convier à vos noces... Votre très humble et très obéissant... (*à Marton*) Sans adieu, mon adorable. (*Il sort.*)

SCENE III

MADAME ABRAHAM   BENJAMINE
M. MATHIEU   MARTON

BENJAMINE. Tenez, mon oncle, lisez vous-même, afin que vous connaissiez mieux ce que vaut monsieur le marquis.

M. MATHIEU. Avec plaisir.

MADAME ABRAHAM. Je brûle d'entendre ce billet.

MARTON. Pour moi, je suis persuadée qu'il contient de belles choses.

BENJAMINE. Tu vas entendre, Marton.

M. MATHIEU, *ouvrant le billet et lisant.* "Enfin, mon cher duc..." Mon cher duc! (*il regarde l'adresse*) "A monsieur, monsieur le duc de..."

MADAME ABRAHAM. Vous verrez que le coureur aura fait une méprise.

M. MATHIEU, *riant.* Oui, justement; il nous a donné le billet qu'il portait à ce duc, ami de son maître... Peste du butor!

MADAME ABRAHAM. Ne laissons pas de lire, puisqu'il est décacheté.

M. MATHIEU, *lisant.* "Enfin, mon cher duc, c'est ce soir que je... que je m'encanaille..."

MADAME ABRAHAM. Plaît-il, mon frère? que dites-vous? Lisez donc, lisez donc bien.

M. MATHIEU, *lui donnant le billet.* Lisez mieux vous-même, ma sœur.

MADAME ABRAHAM, *lisant.* "Que je... m'encanaille..."

BENJAMINE, *prenant le billet, et lisant.* "Que je... m'encanaille..."

MARTON, *prenant aussi le billet, et lisant.* Oui... "canaille..."

BENJAMINE. Serait-il possible, Marton?

MARTON. Ma foi, j'en tremble pour vous.

M. MATHIEU, *reprenant le billet.* Continuons de lire. (*il lit*) "Enfin, mon cher duc, c'est ce soir que je m'encanaille. Ne manque pas de venir à ma noce, et d'y amener le vicomte, le chevalier, le marquis, et le gros abbé. J'ai pris soin de vous assembler un tas d'originaux qui composent la noble famille où j'entre. Vous verrez premièrement ma belle-mère, madame Abraham. Vous connaissez tous, pour votre malheur, cette vieille folle..."

MADAME ABRAHAM. L'impertinent!

M. MATHIEU, *lisant*. "Vous verrez ma petite future, mademoiselle Benjamine, dont le précieux vous fera mourir de rire."

MARTON, *à Benjamine*. Ecoutez, voilà des vers à votre honneur.

BENJAMINE. Le scélérat!

M. MATHIEU, *lisant*. "Vous verrez mon très honoré oncle, monsieur Mathieu, qui a poussé la science des nombres jusqu'à savoir combien un écu rapporte par quart-d'heure...." Le traître!

MARTON, *à part*. Le bon peintre!

M. MATHIEU, *lisant*. "Enfin vous y verrez un commissaire, un notaire, une accolade de procureurs. Venez vous réjouir aux dépens de ces animaux-là, et ne craignez point de les trop berner. Plus la charge sera forte et mieux ils la porteront. Ils ont l'esprit le mieux fait du monde; et je les ai mis sur le pied de prendre les brocards des gens de cour pour des compliments. A ce soir, mon cher duc, je t'embrasse.

Le marquis DE MONCADE."

Voilà, je vous assure, un méchant homme!

MARTON, *à part*. Je crains bien que nous ne soyons pas emmarquisées!

MADAME ABRAHAM, *à M. Mathieu*. Aurait-on pensé cela de lui?

M. MATHIEU. Après cela, fiez-vous aux courtisans!
Je me serais donné au diable que c'était un honnête
homme. J'étais en garde contre lui, et il m'a pris
comme un sot.

MARTON. Ce qui m'en fâche le plus, c'est que vous
avez payé cette pilule deux louis d'or au coureur.

MADAME ABRAHAM. Quand je lui en aurais donné
dix, je ne m'en repentirais pas. Sa méprise nous fait
ouvrir les yeux.

MARTON. Le voilà qui revient.

SCENE IV

MADAME ABRAHAM   M. MATHIEU
BENJAMINE   MARTON   LE COUREUR

LE COUREUR, *à madame Abraham et à Benjamine.*
Eh! morbleu! mesdames, qu'ai-je fait? Voilà votre
lettre; et je vous ai donné celle que monsieur le marquis
écrivait à un duc de ses amis... (*Benjamine prend la
nouvelle lettre des mains du coureur, auquel M. Mathieu
rend la première.*) Donnez. Par bonheur le cachet
n'est pas rompu; je vais le raccommoder, et la porter
en diligence. Je vous prie de ne lui point parler de ce
quiproquo. Il n'est pas aisé; il m'assommerait.
Serviteur.

MARTON. Au diable! messager de malheur! (*Le
coureur sort.*)

SCENE V

MADAME ABRAHAM   M. MATHIEU
BENJAMINE   MARTON

BENJAMINE, *montrant la nouvelle lettre.* Je n'ai pas
la force d'ouvrir celle-ci.

MARTON, *la lui prenant.* Donnes, donnez-moi. (*ouvrant la lettre*) Or, écoutez.

M. MATHIEU. Laisse cela, Marton; c'est sans doute quelque nouvelle insulte: mais il n'aura pas le plaisir de se rire encore longtemps de nous. Son coureur va lui-même le faire donner dans le panneau; et ce soir, en présence de ses amis, il sera la dupe de ses perfidies.

MADAME ABRAHAM. Je suis hors de moi.

BENJAMINE. Que faut-il que je devienne?

M. MATHIEU. Il faut vous raccommoder avec Damis; il m'attend chez moi... Marton, va le faire venir.

BENJAMINE. Non, mon oncle; laissez-moi plutôt ensevelir ma honte dans un couvent.

M. MATHIEU. La belle pensée.

BENJAMINE. J'ai rebuté Damis: quelle honte de retourner à lui!

M. MATHIEU. Il sera ravi de vous avoir.

MARTON. Eh bien! le ferai-je venir?

M. MATHIEU. Oui, va.

MARTON, *à part, en sortant.* Adieu le marquisat! adieu la cour!

SCENE VI

MADAME ABRAHAM   M. MATHIEU
BENJAMINE

MADAME ABRAHAM. Encore une chose qui me chagrine, mon frère...

M. MATHIEU. Quoi? qu'est-ce?

MADAME ABRAHAM. C'est que j'ai eu la faiblesse

de faire à ce beau marquis un dédit de cent mille francs.

M. MATHIEU. Cent mille francs? Ma sœur, vous craigniez de le manquer!

MADAME ABRAHAM. Cela est fait.

M. MATHIEU. Il faudra lui donner en paiement les billets que vous avez à lui; aussi bien c'était une dette assez désespérée.

MADAME ABRAHAM. J'y songeais.

M. MATHIEU. Trop heureuse de ce qu'il ne vous en coûte pas tout votre bien et votre fille.

MADAME ABRAHAM. Que ne vient-il à présent, le perfide!

M. MATHIEU. Non, ma sœur: feignons, pour le faire tomber dans le piège que je lui tends.

MADAME ABRAHAM. Il vaut donc mieux que je me retire, car je suis outrée; je ne me posséderais pas. Je vais envoyer chercher notre cousin le notaire. (*Elle sort.*)

SCENE VII

M. MATHIEU   BENJAMINE

M. MATHIEU. Vous, Damis va venir; faites votre paix avec lui. (*apercevant Damis dans l'éloignement*) Le voici déjà. Je vous laisse ensemble.

BENJAMINE. Restez avec moi, mon oncle... (*M. Mathieu sort sans écouter Benjamine.*)

BENJAMINE. Que vais-je lui dire? Que sa présence m'embarrasse!

SCENE VIII

DAMIS   BENJAMINE

DAMIS. Enfin, adorable Benjamine, c'en est donc fait? vous épousez le marquis de Moncade? Je vous perds pour toujours?... Quoi! vous ne daignez pas tourner la vue sur moi? Ah! Benjamine!

BENJAMINE. Ah! Damis, je n'ose lever les yeux, et je mérite que vous me haïssiez.

DAMIS. Non, je vous aimerai toujours, tout infidèle que vous êtes. Je voudrais que le marquis pût vous offenser, qu'il pût mériter votre haine; mais non, vous êtes trop belle, trop bonne: qui pourrait jamais se résoudre à vous déplaire?

BENJAMINE. Eh bien! si cela était, Damis?

DAMIS. Ah! quel plaisir j'aurais à vous voir revenir à moi!

BENJAMINE. Vous vous souviendriez éternellement que je vous quittais, et que vous ne me devez qu'au dépit.

DAMIS. Non, ma chère Benjamine.

BENJAMINE. Qui m'en assurerait?

DAMIS. Mon amour, mon cœur. Oubliez le marquis, oubliez votre infidélité; et moi je ne m'en souviens déjà plus.

BENJAMINE. Damis, je ne me la pardonnerai jamais!

DAMIS. Ciel! qu'entends-je? Quoi! je revois en vous cette chère Benjamine dont la tendresse...

BENJAMINE. Oui, Damis; et je ne reverrai jamais qu'en vous ce qui pourra me plaire. (*Damis lui baise la main.*)

SCENE IX

M. MATHIEU   DAMIS   BENJAMINE

M. MATHIEU, *à Damis*. Ce que je vois me persuade que vous êtes raccommodés. Eh bien! que vous avais-je promis?

DAMIS. Ah! monsieur, il fallait ce petit démêlé pour me faire mieux sentir tout l'amour que j'ai pour elle!

BENJAMINE. Et moi, pour me faire connaître tout ce que vous valez.

M. MATHIEU. Fort bien!... Notre cousin le notaire est ici. Je lui ai expliqué les intentions de votre mère et les miennes; il travaille à votre contrat de mariage. Oh! ma foi! monsieur le marquis aura un pied de nez.

SCENE X

M. MATHIEU   DAMIS   BENJAMINE
MARTON

MARTON, *à Benjamine*. Voilà monsieur le marquis qui vient ici, avec deux seigneurs de ses amis.

BENJAMINE, *à M. Mathieu*. Evitons-les, mon oncle.

M. MATHIEU. Oui, vous avez raison; il n'est pas encore temps de paraître. En attendant que le contrat soit prêt suivez-moi chez ma sœur. Marton, restez là pour les recevoir. (*M. Mathieu, Benjamine et Damis sortent.*)

MARTON. Le maudit coureur! Hom! je l'étranglerais, le chien qu'il est avec son quiproquo!... Il n'y a que moi qui perds à cela... Oh! il n'en est pas quitte!

SCENE XI

LE MARQUIS   LE COMMANDEUR
LE COMTE   MARTON

LE MARQUIS, *au commandeur et au comte*. Venez, venez, mes amis.

LE COMTE, *embrassant Marton*. J'embrasse d'abord... (*au marquis*) Est-ce là ta future, Marquis? elle est, ma foi, drôle.

LE MARQUIS. Eh! non, comte, tu te trompes.

LE COMMANDEUR. C'est à coup sûr quelqu'une de ses parentes.

LE MARQUIS. Tout aussi peu, commandeur. C'est la suivante... (*à Marton*) Mais où est donc madame Abraham, monsieur Mathieu, mademoiselle Benjamine? Je les croyais ici. Va donc leur dire qu'ils viennent, que ces messieurs brûlent de les voir et de les saluer.

MARTON, *faisant quelques pas pour s'en aller*. J'y vais, monsieur.

LE MARQUIS, *la rappelant*. St! st! et mon billet? Tu ne m'en dis rien. Comment a-t-il été reçu? Ils en sont tous charmés, n'est-ce pas?

MARTON. Assurément! ils seraient bien difficiles.

LE MARQUIS. Cela est léger, badin: Damis lui écrivait-il sur ce ton?

MARTON. Non, vraiment.

LE MARQUIS. A propos de Damis; il est ici: ne sera-t-il pas des nôtres? Que Benjamine l'arrête; je le veux, dis-lui bien.

MARTON, *à part, en s'en allant*. Quel dommage que de si aimables petits hommes soient si scélérats dans le fond!

SCENE XII

LE COMMANDEUR   LE MARQUIS
LE COMTE

LE COMTE, *au marquis*. Parbleu! Marquis, tu me
mets là d'une partie de plaisir des plus singulières!
Elle est neuve pour moi.

LE MARQUIS. Tant mieux; elle te piquera davantage.

LE COMMANDEUR. Aurons-nous des femmes?

LE COMTE, *au marquis*. Le commandeur va
d'abord là.

LE MARQUIS, *au commandeur*. Oui; je t'en promets
une légion, tant femmes que filles, et toutes de la
parenté. Ces petites gens peuplent prodigieusement.

LE COMMANDEUR. Un de mes grands plaisirs est
de regarder une bourgeoise quand un homme de
condition lui en conte. Pour faire l'aimable, elle fait
les plus plaisantes mines du monde: ce sont des
simagrées; elle se rengorge, elle s'épanouit, elle se
flatte, elle se rit à elle-même: on voit sur son visage
un air de satisfaction et de bonne opinion.

LE COMTE. Oh! morbleu! Commandeur, je te
donnerai ce plaisir-là. Je me promets de bien désoler
des maris, et de lutiner bien des femmes.

LE COMMANDEUR. Tu leur feras honneur à tous.
Tu verras les maris sourire avec un visage gris-brun,
et les femmes n'oseront seulement se défendre. Oh!
ils savent vivre les uns et les autres.

SCENE XIII

LE MARQUIS   LE COMMANDEUR   LE COMTE
UN COMMISSAIRE   MARTON

MARTON, *au marquis.* Monsieur le marquis, la
compagnie va venir.

LE MARQUIS, *bas, en montrant le commissaire.*
Qu'est-ce déjà que ce visage-là?

MARTON, *bas.* C'est monsieur le commissaire, un
beau-frère de feu monsieur Abraham.

LE MARQUIS, *bas, au commandeur et au comte.*
Apprêtez-vous, mes amis; voilà déjà un de nos acteurs.
(*au commissaire*) Soyez le bienvenu, mon oncle le
commissaire.

MARTON, *à part.* Je m'apprête à bien rire!

LE COMMISSAIRE. M. le marquis...

LE MARQUIS, *au commandeur et au comte.* Commandeur, comte, embrassez donc mon oncle le
commissaire.

LE COMMANDEUR, *embrassant le commissaire.*
Embrassons!

LE COMTE, *embrassant aussi le commissaire.* De
tout mon cœur!

LE MARQUIS. Il peut vous rendre service.

LE COMMISSAIRE. Je le souhaiterais.

LE COMTE, *au marquis.* Oh! je connais monsieur
le commissaire; c'est un galant. Tel que vous le
voyez, il semble qu'il n'y touche pas.

LE COMMISSAIRE. Monsieur, en vérité...

LE COMTE. Il n'y a pas longtemps que je lui ai

soufflé une petite fille, auprès de qui il avait déjà
fait de la dépense.

LE COMMISSAIRE. Ce sont des bagatelles.

LE COMMANDEUR. Oui, une maîtresse est une
bagatelle pour un commissaire; il est à la source.

MARTON, *à part.* Voilà un pauvre diable en bonnes
mains!

SCENE XIV

MADAME ABRAHAM
BENJAMINE   DAMIS   M. MATHIEU
LE MARQUIS   LE COMTE   LE COMMANDEUR
LE COMMISSAIRE   MARTON

MARTON. Messieurs, voici toute la noce qui arrive.

M. MATHIEU, *à madame Abraham.* Ne disons rien
tous tant que nous sommes : laissons-leur faire toutes
leurs impertinences. Nous aurons bientôt notre
revanche. Il va être bien pris.

LE MARQUIS, *à madame Abraham.* Ah! madame
Abraham... Allons, commandeur, comte, je vous les
présente; faites-leur politesse, je vous en prie.

LE COMMANDEUR, *à madame Abraham en l'embras-*
sant. Madame Abraham, c'est par vous que je com-
mence. Sans rancune. (*Il embrasse ensuite Benjamine.*)

LE MARQUIS. Elle m'a promis qu'elle ne te ran-
çonnerait plus.

MADAME ABRAHAM, *à part.* J'ai bien de la peine
à me contraindre.

LE COMTE, *à madame Abraham, en l'embrassant.*
A moi, madame Abraham. Morbleu! je vous donne
mon estime. Le diable m'emporte! vous allez être
la femme du royaume la mieux engendrée.

LE MARQUIS. A ma future.

LE COMMANDEUR. Pour moi, je lui ai déjà fait mon compliment.

LE COMTE. Et moi je la garde pour la bonne bouche, et je cours à ce gros père aux écus... (*montrant M. Mathieu*) Morbleu! il a l'encolure d'être tout cousu d'or. (*Il embrasse M. Mathieu.*)

LE MARQUIS. C'est mon très cher oncle, monsieur Mathieu.

M. MATHIEU, *à part.* Tu ne seras pas mon très cher neveu.

LE COMMANDEUR. Que je vous embrasse aussi, monsieur Mathieu... (*il l'embrasse.*) Il y a long-temps que je cherchais à être en liaison avec vous. Toute la cour vous connaît pour un homme d'un bon commerce, pour un homme de crédit.

M. MATHIEU. Cela me fait bien du plaisir.

LE MARQUIS, *au commandeur et au comte en leur montrant Damis.* Et mon petit cousin le conseiller, messieurs, ne lui direz-vous rien?

MARTON, *à part.* Je m'étonnais qu'il l'oubliât.

LE MARQUIS, *au commandeur et au comte.* Si vous avez des procès il vous les jugera. Saluez le donc, allons.

LE COMMANDEUR, *embrassant Damis.* De toute mon âme!... (*au comte*) A toi la balle, comte.

LE COMTE, *embrassant Damis.* J'y suis, commandeur.

LE MARQUIS. C'est le meilleur petit caractère que je connaisse. J'épouse sa maîtresse; eh bien! il soutient cela en héros.

DAMIS, *à part.* Nous verrons.

LE COMMANDEUR, *au marquis.* Malepeste! cela s'appelle savoir prendre son parti.

LE COMTE, *allant embrasser Benjamine.* J'en suis à madame la marquise.

BENJAMINE. Cette qualité ne m'est pas due.

LE COMTE. Oh! pardonnez-moi; et si monsieur le marquis ne vous épousait pas, je vous épouserais, moi.

BENJAMINE, *à part.* Je mérite bien cela.

LE COMMANDEUR. N'avons-nous plus personne à haranguer?

LE MARQUIS. Non; si ce n'est Marton.

LE COMMANDEUR. Oui-da! il faut qu'elle ait aussi sa part... (*à Marton*) Viens çà. (*Il embrasse Marton.*)

LE COMTE. J'ai commencé par elle.

LE COMMANDEUR. Elle a une mine libertine qui me plaît.

LE MARQUIS. Sa mine n'est point trompeuse, je gage.

MARTON, *à part.* Voilà pour moi.

SCENE XV

MADAME ABRAHAM   M. MATHIEU
BENJAMINE   DAMIS   LE MARQUIS
LE COMMANDEUR   LE COMTE   LE NOTAIRE
LE COMMISSAIRE   MARTON

M. MATHIEU, *à madame Abraham.* A notre tour. Nous allons voir beau jeu!... (*au notaire*) Approchez, mon cousin le notaire.

LE MARQUIS, *au commandeur et au comte.* Il vient fort bien. Embrassons mon cousin le conseiller garde-note. Ne trouvez-vous pas, messieurs, qu'il a une physionomie bien avantageuse?

LE NOTAIRE. Laissons là ma physionomie, messieurs. Vous vous moquez de moi, sans doute; mais il n'est pas temps de rire... Voilà le contrat qu'il est question de signer.

LE COMMANDEUR. Monsieur le notaire a raison. Oui, signons; nous rirons bien davantage après. (*Tout le monde signe.*)

DAMIS, *au marquis, au commandeur et au comte.* Souffrez qu'à mon tour, messieurs, je vous prie à ma noce.

LE COMTE, *riant.* Plaît-il?

LE MARQUIS, *à Damis, en riant.* Comment! Comment! Qu'est-ce à dire?

LE COMMANDEUR, *riant.* Il y a du malentendu.

MADAME ABRAHAM, *au marquis.* Cela veut dire, monsieur le marquis, qu'il y a longtemps que nous vous servons de jouet.

LE MARQUIS. Je ne vous entends pas. Expliquez-moi cette énigme.

MARTON. Le mot de l'énigme est que votre coureur a donné par méprise, ou peut-être par malice, à mademoiselle, une lettre que vous écriviez à un duc de vos amis.

MADAME ABRAHAM, *au marquis.* Et que je ne veux pas que vous vous encanailliez.

LE COMMANDEUR, *au marquis, en riant.* Ah! ah! marquis, tu ne seras pas marié?

LE COMTE, *au marquis.* Il ne faut, morbleu! pas en avoir le démenti.

LE MARQUIS. Parbleu! mes amis, voilà une royale

femme que madame Abraham! Je ne connaissais pas
encore toutes ses bonnes qualités. Je m'oubliais, je
me déshonorais, j'épousais sa fille: elle a plus de soin
de ma gloire que moi-même, elle m'arrête au bord
du précipice. (*à madame Abraham*) Ah! embrassez-
moi, bonne femme, je n'oublierai jamais ce service...
Mais vous paierez le dédit, n'est-ce pas?

MADAME ABRAHAM. Il le faut bien, puisque j'ai
été assez sotte pour le faire. Monsieur, je vous
rendrai, pour m'acquitter, les billets que j'ai à vous.

LE MARQUIS. Ah! madame Abraham, vous me
donnez là de mauvais effets. Composons, à moitié de
profit, argent comptant?

M. MATHIEU. Non, monsieur, c'est assez perdre.

LE MARQUIS. Adieu, madame Abraham... adieu,
mademoiselle Benjamine... adieu, messieurs... adieu,
monsieur Damis: épousez, épousez; je le veux bien...
(*au commandeur et au comte*) Allons, allons, mes amis;
allons souper chez Payen. (*Il sort avec le commandeur
et le comte.*)

SCENE XVI

MADAME ABRAHAM	M. MATHIEU
BENJAMINE DAMIS	LE COMMISSAIRE
LE NOTAIRE	MARTON

MARTON, *à madame Abraham*. Eh bien! vous vous
promettiez de le berner; c'est encore lui qui se moque
de vous.

M. MATHIEU. Allons, allons achever le mariage,
et nous réjouir de l'avoir échappé belle.

MARTON, *au public*. Et vous, messieurs, s'il vous
semble que ce soit ici une bonne école, venez-y rire.

FIN DE L'ÉCOLE DES BOURGEOIS

Each volume consists of 50–80

by a short biographical

BOUND IN

English

ANDREWES, LANCELOT. Two Sermons.
BACON. The Advancement of Learning. Book I.
BYRON. The Vision of Judgment.
CARLYLE. The Present Time.
DONNE. Sermons XV and LXVI.
FULLER. The Holy State (II, 1–15).
GOLDSMITH. The Good-Natur'd Man.
GOWER. Selections from *Confessio Amantis*.
HENRYSON. The Testament of Cresseid.
HOOKER. Preface to *The Laws of Ecclesiastical Polity*.
JOHNSON. Papers from *The Idler*.
JONSON. The Sad Shepherd.
MONTAIGNE. Five Essays, translated by John Florio.
SPENSER. The Shepheards Calender.

French

BOSSUET. Oraisons Funèbres.
DE MUSSET. Carmosine.
DESCARTES. Discours de la Méthode.
DIDEROT. Paradoxe sur le Comédien.
DUMAS. Histoire de mes Bêtes.
GAUTIER. Ménagerie Intime.
HUGO, VICTOR. Eviradnus *and* Ratbert (*La Légende des Siècles*).
LA BRUYÈRE. Les Caractères, ou les Mœurs de ce Siècle.
LAMARTINE. Méditations.
MICHELET. Saint-Louis.
MOLIÈRE. L'Amour Médecin *and* Le Sicilien.
MOLIÈRE. La Critique de l'École des Femmes *and* L'Im-
    promptu de Versailles.
MONTALEMBERT. De l'Avenir Politique de l'Angleterre.
PASCAL. Lettres Écrites à un Provincial.
RONSARD. L'Art Poétique *and* Cinq Préfaces.
VAUVENARGUES. Réflexions et Maximes.

small octavo pages of text, preceded

note on the author

LIMP CLOTH

German

GRILLPARZER. Der Arme Spielmann *and* Erinnerungen an
Beethoven.
HERDER. Kleinere Aufsätze I.
HOFFMANN. Der Kampf der Sänger.
LESSING. Hamburgische Dramaturgie I.
LESSING. Hamburgische Dramaturgie II.

Italian

ALFIERI. La Virtù Sconosciuta.
GOZZI, GASPARO. La Gazzetta Veneta.
LEOPARDI. Pensieri.
MAZZINI. Fede e Avvenire.
ROSMINI. Cinque Piaghe.

Spanish

BOLÍVAR, SIMÓN. Address to the Venezuelan Congress
at Angostura, February 15, 1819.
CALDERÓN. La Cena de Baltasar.
CERVANTES. Prologues and Epilogue.
CERVANTES. Rinconete y Cortadillo.
ESPRONCEDA. El Estudiante de Salamanca.
LOPE DE VEGA. El Mejor Alcalde, el Rey.
LUIS DE LEÓN. Poesías Originales.
OLD SPANISH BALLADS.
VILLEGAS. El Abencerraje.
VILLENA: LEBRIJA: ENCINA. Selections.

SOME PRESS OPINIONS

∼∼